Die Jachenauer und ihr Pfarrer

Lisl Martin-Schwaiger

© 1994 BAUER-VERLAG
87677 Thalhofen, Gennachstraße 1, Tel/Fax 08345/1601

Druck: Allgäuer Zeitungsverlag GmbH, Kempten
ISBN 3-930888-00-9

Die Jachenauer und ihr Pfarrer

Seite 7 - 76

Geschichten und Gedichte
rund um's weltliche und kirchliche Jahr

Grußwort

Gern schreib ich ein paar Zeilen vor ein Büchlein, das vom Dorf und Pfarrer meiner Kinder- und Jugendzeit erzählt. Ich bin von Pfarrer Conrad getauft worden und bin vor ihm in der Schulbank gesessen. Seinen Dackel hab ich gestreichelt, damit er schön ruhig sitzen bleibt und nicht die "biblische G'schicht" unterbricht, die "s'Herrle" grad so anschaulich erzählt anhand der Fugelbilder an der Tafel.

In der Kirche waren wir Schulkinder der Unterklassen ganz vorn und somit nah hinter ihm und haben beobachten können, wie er bis zum Lavabo (Händewaschung) geschnupft hat und nach der hl. Kommunion gleich wieder, und wie er trotzdem ganz andächtig bei der Sache war.

1950 hat er dem Kiefersauer Toni die Primiz ausgerichtet. Ihre Mitfeier war auch eine Wegmarke auf meinem Weg zum Pfarrerwerd'n. Als ich ihm nach dem Abitur eröffnete, - da war er schon emeritiert -, ich wolle in die Münchner Diözese gehen, sagte er zu mir: "Du bischt fahnaflüchtig". Ich hielt ihm entgegen, die Kirchenfahnen hätten in Augsburg und München die gleichen Farben. Er freute sich jedenfalls, eventuell einen Nachfahren im geistlichen Stand zu kriegen.

Vor seinem Schreibtisch stand jahrelang die Grabplatte, so wie sie jetzt am Friedhof in die Mauer eingelassen ist. Auf ihr fehlte nur der Todestag. Daneben war zur rechten Zeit auch eine Flasche Bier. Diesseits und Jenseits waren für den alten Pfarrherrn nicht mehr weit auseinander. Als er 1964 das Zeitliche segnete, war ich Levit beim Requiem für ihn.

Vergelt's Gott denen, die die Erinnerung an ihn in diesem Bändchen wachhalten!

Josef Zierl, Pfarrer München - Mariahilf

Geschätzter Leser!

Das humorvoll und mit Liebe geschriebene Büchlein wird in denjenigen von uns, die H.H. Pfarrer Conrad noch kannten lebhafte Erinnerungen wachrufen.

Viele Anekdoten, die von ihm überliefert sind, wurden in dem Buch festgehalten und machen es so auch zu einem Dokument unserer Dorfgeschichte.

Den jüngeren Lesern läßt es aber auch erahnen, wie es war in der sogenannten "guten alten Zeit".

Reizvoll finde ich es, unsere schöne Heimatgemeinde Jachenau mit den Augen der Autorin sehen zu können.

Dem geneigten Leser wünsche ich mit diesem Büchlein ein paar vergnügliche und besinnliche Stunden.

Kaspar Danner

Kaspar Danner
1. Bürgermeister

Die Jachenauer und ihr Pfarrer

Eine Plauderei über das Tal, ihre Bewohner und über Pfarrer Conrad, der 50 Jahre lang Freud und Leid mit ihnen geteilt hat.

Aufgeschrieben von Lisl Martin-Schwaiger

Erzählt von	Elisabeth Schwaiger	(Mutter)
	Kaspar Öttl	(Kramer)
	"Fannerl"	(Pensionärin)
	"Cölestin"	(Altbauer)
	Sr. Klara	(Nonne)
	H.H. Pfr. Zierl	(ehem.Ministrant)

Illustriert von	Werner Mücksch

Meinen Haushalt führte	Marianne Pieck

Quellen: "Die Jachenau" von H.H. J. Nar
"Kurze Ortsgeschichte von Jachenau"
von 1869 v. H.H. Lindermayr
Aufzeichnungen von Pfr. Conrad selbst

Nicht allgemein verständliche Begriffe sind in einem kleinen Index am Schluß der Geschichte erklärt.

Pfarrer Joseph Conrad

geb. am:	25.10.1875 in Bubesheim bei Günzburg
Primiz am:	24.7.1899
Kaplan in:	Neuburg a.Donau
Pfarrer in der	
Jachenau vom:	1.8.1914 bis 1951
gestorben am:	27.11.64

Pfarrer Conrad war hochgebildet, beherrschte 7 bis 8 Sprachen, liebte die Naturwissenschaften, wäre auch gerne Ingenieur geworden. Er kam in die Jachenau, weil er die Berge liebte, den dortigen Lehrer kannte und von seinen Verwandten weit weg sein wollte (was ihn aber nicht hinderte, sie ab und zu einzuladen).

Er war in allen Dingen mehr Praktiker als Theoretiker, frömmelndes Wesen lag ihm fern. Er war wohl weniger ein Liturge, aber ein Meister in der Inszenierung unvergeßlicher Feierlichkeiten.

Er baute eine Generator- und Akkustation, mit der er Pfarrhaus und Kirche mit Strom versorgte, hatte in seinem Pfarrhaus die erste Zweigstelle der Raiffeisenkasse und war deren Rechner,

Er bastelte Radios, mit denen er "Feindsender" abhörte, war Sprengmeister im Hoch- und Tiefbau, züchtete Rosen und Dackel, baute Karbidlampen für die Kuhställe, fotografierte Land und Leute, machte über fünfzig Jahre lang Wetteraufzeichnungen, betreute eine Zugvögelstation, pflanzte in den Bauerngärten eigenhändig Apfelbäume und war sehr beliebt.

"Wie ich an's Schreiben kam."

Vor fast genau 80 Jahren kam Pfarrer Joseph Conrad - ein gebürtiger Schwabe aus der Günzburger Gegend - in den hintersten Zipfel seiner Diözese, nämlich in die Jachenau, um eine neue Stelle anzutreten. Meine Mutter war damals ein halbes Jahr alt und hat ihn von Kindesbeinen an erlebt. Wenn wir als Kinder eine lustige Geschichte hören wollten, mußte sie uns immer von "ihrem" Pfarrer erzählen.

Die Jachenau liegt mitten in den oberbayerischen Bergen, ist ein Tal von "4 Stunden in der Länge und eine kleine geometrische Stunde in der Breite", (Lindermayr) also fast zwanzig Kilometer lang und auch heute noch ein Geheimtip für Leute, die die Ruhe suchen. Meine Mutter ist dort aufgewachsen, während ich nur eine "abpelzte" bin und im Allgäu lebe, aber dadurch in der eigentlichen Augsburger Diözese, bei schwäbischsprechenden Leuten.

Ich kenne die Jachenau also aus den Erzählungen meiner Mutter, von den Besuchen bei den Großeltern und aus eigener Anschauung. Mit meinem Bruder bin ich so manches Mal in die Jachenau hineingeradelt und habe sie so "erfahren" und erlebt.

Schon damals habe ich mir vorgenommen, die Geschichten über Pfarrer Conrad später einmal aufzuschreiben.

Die Jachenau -
eine schwäbische Enklave?

Wie die Jachenau ins Augsburger Bistum kam, ist eine lange Geschichte, denn sie begann vor mehr als 800 Jahren. Mönche vom Kloster Benediktbeuern haben das Tal erkundet und für ihr Kloster in Besitz genommen. Da sie selber nach Augsburg gehörten, fiel auch das Tal der Jachen unter den Augsburger Krummstab.

Der Abt des Klosters schickte Siedler in das Tal und stattete sie mit allem Nötigen aus. Damals hieß die Jachenau noch "Tal Nazareth" und hatte nur eine kleine Kapelle aus Holz, in der die Leute beten konnten. Zum Sonntagsgottesdienst mußten sie vier Stunden weit bis nach Benediktbeuern gehen, wobei der steile Kesselberg überwunden werden mußte, der den Walchensee vom Kochelsee trennt.

Schon im Jahre 1192 bauten die Siedler die Kapelle in eine förmliche Kirche um, die zwar auch noch aus Holz war, und die Seelsorger kamen zu Pferde von Benediktbeuern herübergeritten, was für die Jachenauer eine große Erleichterung war.

Knapp 100 Jahre später, am 17. März 1291, weihte der Augsburger Bischof Wolfhard eine neue Kirche aus Stein zu Ehren des Hl. Nikolaus ein. Zu einer eigenständigen Pfarrei erhoben wurde Jachenau erst im Jahre 1803, und daher war Pfarrer Conrad somit der 14. Seelsorger dieser kleinen Pfarrei. Im Laufe der Jahrhunderte entwickelte sich "ein gesunder, kräftiger, mitunter großer Menschenschlag", wie es in einer Ortsbeschreibung von 1869 nachzulesen ist. Das Gerücht von der Inzucht, das boshafterweise immer wieder mal aufgewärmt wird, ist eigentlich schon im Jahre 1433 entkräftet worden. Bei genauen Untersuchungen wurden in der

Jachenau weit weniger Erbkrankheiten oder Mißbildungen festgestellt als im Landes- und Bezirksdurchschnitt. Ab und zu kam ja auch frisches Blut herein durch einen eingewanderten Südtiroler oder einen hängengebliebenen Postillion!

Geht man das Tal hinaus nach Lenggries, überschreitet man vor dem Weiler "Letten" die Augsburger Diözesangrenze und betritt das Bistum München-Freising. Die Jachenauer mußten als echte Oberbayern jahrzehntelang aus dem augsburgischen Gesangbuch singen, was schlimm genug war, denn Oberbayern und Schwaben mögen sich nicht so besonders gern. Die Leute hinter der Diözesangrenze hießen sie auch noch "die schwäbisch-katholischen!" Aber es war nicht so bös gemeint, und einen Glaubenskrieg gab es deswegen keinen.

Heute singen alle Katholiken in ganz Deutschland und Umgebung aus dem "Gotteslob". So feine Unterschiede werden nicht mehr gemacht.

Ob mit oder ohne Gesangbuch - auf jeden Fall mußten sich damals der neue Pfarrer aus Schwaben und die Jachenauer gehörig zusammenraufen - sie verstanden sich ja nicht einmal richtig!

Das "Schwäbische" des Pfarrers wurde als Fremdsprache empfunden und dem Bischof nach Augsburg entsprechende Briefe geschrieben. Aber es half nichts - der Pfarrer blieb - er blieb sogar "all erscht recht da", wie er darauf sagte, war fast 40 Jahre lang Pfarrer in der Jachenau und hat auch noch seinen Lebensabend dort verbracht.

In dieser langen Zeit hat er kaum ein Wort im oberbayerischen Tonfall aussprechen gelernt - dafür aber das ganze Tal seinen schwäbischen Dialekt! Zumindest beim Erzählen seiner Aussprüche können sie ihn sehr gut imitieren.

Wo liegt sie denn, die Jachenau?

Von Bad Tölz aus fährt man erst nach Lenggries - durch sein Schigebiet am Brauneck bekannt -, läßt die Straße zum Sylvensteinspeicher links liegen und wendet sich Richtung Südwesten.

Für mich fängt die Jachenau immer noch gleich hinter Lenggries an - obwohl es nicht stimmt - oder spätestens nach Wegscheid bei dem Gasthaus "Langeneck", das etwas düster dreinschaut und den Eingang in die Jachenau zu bewachen scheint. Heute weiß ich es zwar besser und kenne mich mit den Gemeindegrenzen aus, trotzdem wird es bei mir mit dem Jachenau-Anfang immer so bleiben. Es liegt wohl an der veränderten Natur oder an dem Eindringen in eine auch heute noch abgeschlossene Welt, wobei man in das Halbdunkel rechts und links heranreichender Wälder eintaucht.

Als erstes muß man ein sogenanntes "Goschta" überwinden, welches früher, als ich noch mit dem Fahrrad in die Jachenau fuhr, bedeutend steiler und vor allem steinig war. Das Wort bedeutet etymologisch betrachtet "Gasteig" oder Steigung, und deshalb habe ich das Fahrrad auch meistens hinaufgeschoben.

Oben angekommen war es für mich immer spannend, ob ich die "Zigeunerin" finden würde. Das ist eine gemalte Tafel mit dem Bildnis einer schwarzhaarigen, pfeiferauchenden Frau, angebracht hoch oben an einem Fichtenbaum am Straßenrand. An dieser Stelle soll vor langen Zeiten einmal eine Zigeunerin gestorben und von ihren Leuten beerdigt worden sein. Es kam sogar das Gerücht auf, man hätte sie dort lebendig begraben oder auf dem Scheiterhaufen verbrannt. Der Platz ist also ein wenig unheimlich und das Bild dazu, denn die Augen der Zigeunerin "schaun oam oiwei nach", ganz gleich, in welcher Richtung man vorbeikommt. Mit dem Auto

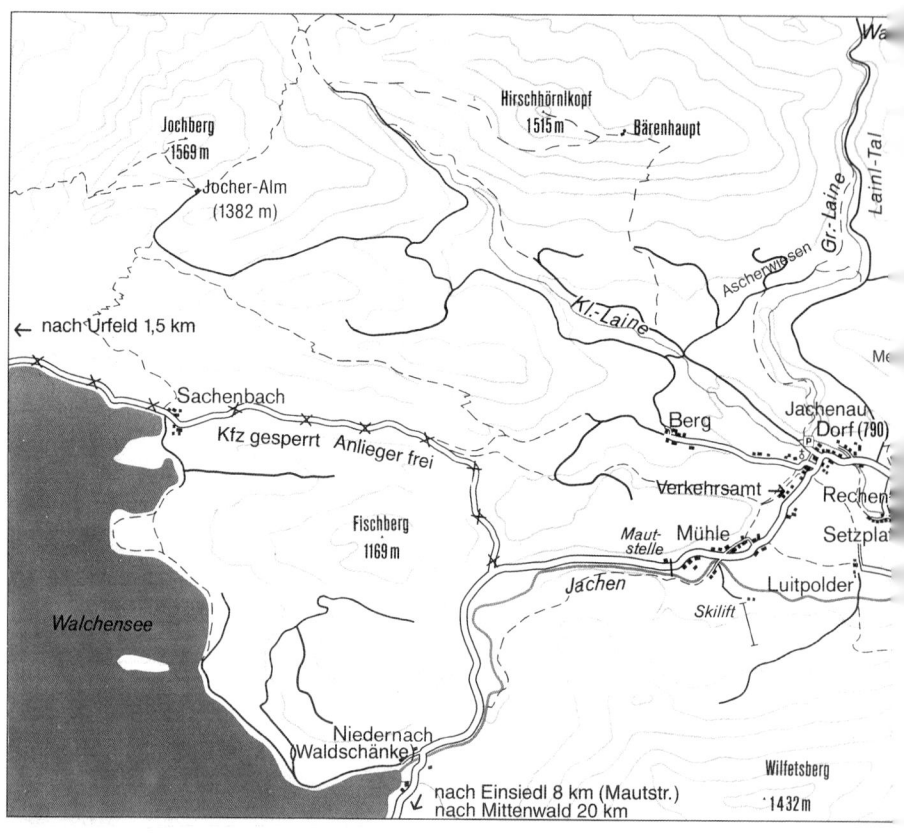

hat man Mühe das Bild zu entdecken, weil alles zu schnell geht.

Ich hab mich immer ein bißchen gegruselt und bin mit dem Rad schnell weitergefahren, bis sich das Dunkel wieder etwas lichtete.

Dann sieht man linkerhand kurz die Jachen, mühsam von Stein zu Stein sich quälend, weil man ihr in Niedernach am Walchensee den Wasserhahn zugedreht hat. Sie ist nämlich ein Ab- oder Überlauf desselben und im Grunde also gar kein

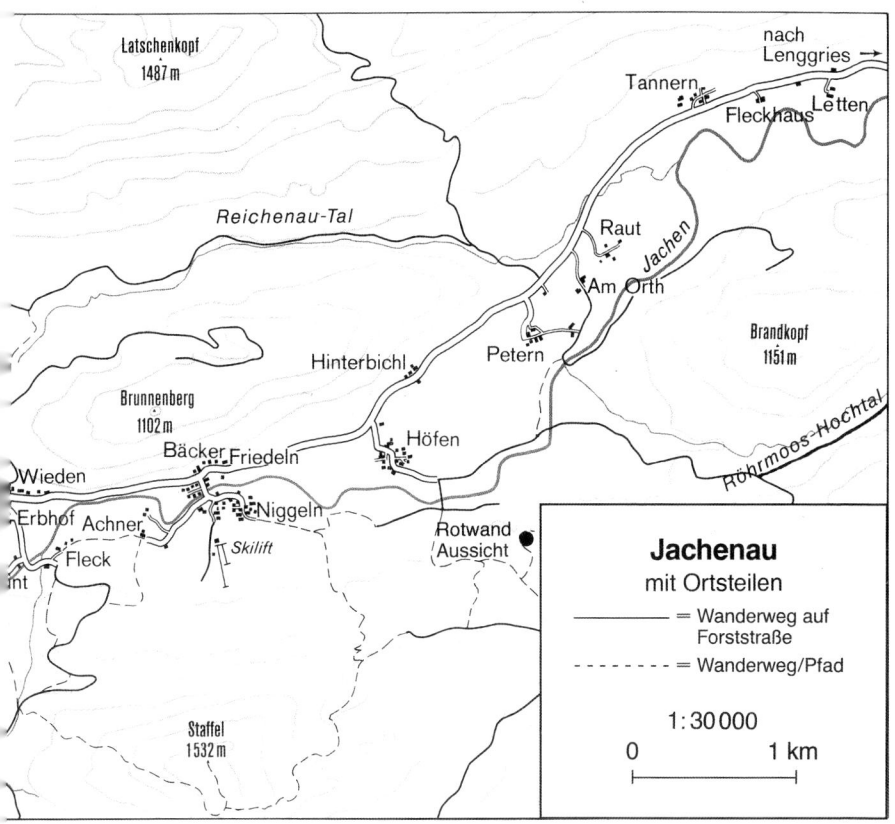

Latschenkopf
1487 m

nach
Lenggries →

Tannern
Fleckhaus
Letten

Reichenau-Tal

Raut
Jachen
Am Orth

Brandkopf
1151 m

Hinterbichl
Petern

Brunnenberg
1102 m

Höfen

Röhrmoos-Hochtal

Wieden
Bäcker Friedeln

Erbhof Achner
Niggeln

Fleck
Skilift

Rotwand
Aussicht

Jachenau
mit Ortsteilen

────── = Wanderweg auf
Forststraße

- - - - - - = Wanderweg/Pfad

1 : 30 000

0   1 km

Staffel
1532 m

eigenständiger Fluß, bekommt aber dann doch noch Wasser
von kleinen Rinnsalen oder Bächlein auf ihrem Weg durch
die Jachenau.

Nur zwei Monate lang, wenn das Walchenseekraftwerk
vertragsgemäß genügend Wasser hat ablaufen lassen, konnten
die Jachner früher ihr Holz flößen. Heute ist das nicht mehr
nötig, denn die Flößerzeiten sind vorbei. Nur wenn es längere
Zeit regnet, strömt die Jachen rauschend dahin, wie es sich
eigentlich gehört.

Bald verläßt sie uns wieder, um im Verborgenen ihren Weg zu suchen. Es wird hell und licht - der Wald tritt zurück und man kommt vorbei an einem alten Torfstich, an Streu- und steilen Hangwiesen. Das sind die "Wiesmahd-Leiten" die so arbeitsaufwendig sind, daß sie heute nur noch teilweise gemäht werden.

Nach dem Weiler "Letten" fängt dann die Gemeinde Jachenau erst richtig an. Das Dorf ist aber noch weit entfernt, gute zehn Kilometer sogar, und man kann noch vieles sehen auf dem Weg dahin.

Wir fahren weiter und weiter und sind immer wieder überrascht, wenn sich nach einer Wegbiegung plötzlich ein ganz neuer Anblick bietet.

Das Tal öffnet und schließt sich sozusagen, bietet einem neuen Weiler Platz für Haus und Hof, für Mensch und Vieh. Die Höfe sind auffallend lang und hoch, malerisch in ihrem Aussehen und "sauber beinand". Die neueren Anwesen sind höher und haben steilere Dächer als die alten, meist aus Holz gebauten Häuser und kleinen Sachl. Früher waren die Dächer mit Schindeln gedeckt und mit Steinen beschwert, was sehr romantisch aussah. Aber selbst Pfarrer Conrad konnte die Schindeldächer nicht retten vor der neuen, modernen Zeit, obwohl er sich vehement für sie einsetzte.

"Du bischt a spinnerter Uhu", sagte er zu einem Bauern, als dieser das alte Dach abtragen und mit Blech decken ließ. Mittlerweile sind die grünen und roten Blechdächer fast schon wieder ein Markenzeichen der Jachenau geworden!

Einige Höfe sind mit wunderschönen "Lüftlmalereien" geschmückt, und sehr viele haben kleine Glockenstühle auf dem Dach, damit die Bäuerin den Dienstboten zum Mittagessen läuten konnte.

So folgt Weiler auf Weiler, jeder Hof liegt inmitten seiner Felder, und über Flurbereinigungsprobleme können die

Jachenauer nur lächeln. Um die Höfe haben sich mit der Zeit sogenannte "Zuahäusl" geschart, das sind Austrags- oder Nebenhäuser für die alten Bauersleute nach der Hofübergabe. Oft sind auch ehemalige "Badstuben" und "Schupfen" als Zuhäusl ausgebaut worden. Heutzutage sind noch schöne neue Wohnhäuser im alpenländischen Stil dazugekommen, die nicht von Austraglern, sondern von Nachgeborenen mit ihren Familien bewohnt werden.

Bis zum eigentlichen Dorf ist es immer noch ein gutes Stück. Rechterhand, bald nach dem Anfang des Brunnenberges steht ein herrliches Wegkreuz da, mit schützendem Vordach und mit einem geschnitzten, gerafften Vorhang versehen, blau und mit goldenen Quasten. Es ruft beinahe den Eindruck eines kleinen Theaters hervor. Der Innenraum ist blau ausgemalt und mit sieben Täfelchen geschmückt, die die letzten Worte unseres Herrn enthalten. Früher waren auch noch kleine Engel mit den Leidenswerkzeugen da; die sind aber gestohlen worden. Am besten steigt man ab oder hält an, um das Kreuz gebührend mit einem Gebet zu begrüßen, denn der leidende Christus ist noch an seinem Platz.

Beim Weiler zum "Bäck" sind wir dann mittendrin in der Jachenau. Das ehemalige Bäckerhaus ist schön restauriert, aber es wird nicht mehr darin gebacken. Auch Bier und Brotzeit gibt es nicht mehr wie damals, als es noch eine gutgehende Wirtschaft war, in die gerne die Flößer einkehrten.

Landschaftlich gesehen beginnt hier ein kleines Verwirrspiel. Man erblickt eine Berggruppe, die dem erst später sichtbar werdenden Herzogstand sehr ähnlich sieht. Das Tal macht eine kleine Biegung nach Norden, und dann, bei der "Ferdinand-Feldigl-Schule", ist die Simetsberg genannte Berggruppe wieder verschwunden, und man sieht plötzlich den Herzogstand. Wie eine Festung steht er da und scheint nach Südwesten zu das Tal abzuschließen.

Beim Weiler "Laich" sind wir dann fast am Ziel. (Der Ausdruck ist verhochdeutscht, hier sagt man "Loach".) Ich glaubte früher fest, daß er von Froschlaich abstammt, weil es hier eine Froschlache gab, aus der zu Zeiten meiner Mutter Frösche gefangen wurden - zum Essen natürlich! Mein Großvater hat sie aber vorher totgeschlagen. Heute werden keine Frösche mehr gefangen, oder höchstens, um sie zu ihren Laichplätzen zu tragen. Wer will, kann das "Froschlied" im Buch über die Jachenau von J. Nar nachlesen. Man bekommt dabei den Eindruck, daß die Frösche offenbar begehrte Leckerbissen waren. Johannes Nar meint im Kapitel über die Namen der Weiler jedoch, daß Laich von "lohe" = Wald abstammt. Nun, er muß es wissen, weil er studiert hat und ich nicht. Der Name ist geblieben für einen großen Ortsteil, eine Froschlache aber gibt es längst nicht mehr!

Nach diesem Abstecher in die Zoologie haben wir es dann geschafft und sind im Dorf angelangt. Drei Wirtshäuser, ein Cafe, ein Kramerladen, die Poststelle, ein Friseur, eine Sparkasse, drei Bauernhöfe und einige Wohnhäuser bilden das "Dorf". Überragt wird es von der kleinen Kirche mit einem stämmigen Turm, der Wind und Wetter trotzen kann. Sie liegt auf einer Anhöhe und kann deshalb trotz ihrer Kleinheit gut das Tal überblicken. Es führen über hundert Staffeln zu ihr hinauf. Ich habe sie als Kind immer gezählt! Der Hauptpatron der Pfarrkirche ist der Hl. Nikolaus, aber auch die Heiligen Dreikönige werden sehr verehrt. Vor genau 300 Jahren wurde eine Bruderschaft zu ihren Ehren gegründet und noch heute findet am Titularfest eine Prozession statt. Auch die Taufnamen Kaspar, Melchior und Balthasar waren recht beliebt; ein Kaspar ist beinah noch in jedem Haus zu finden.

Wer denkt, daß hier die Jachenau zu Ende ist, der irrt sich, denn man kann über eine Mautstraße weiterfahren bis Sachenbach, Niedernach und Breitort, Einsiedeln und Obernach. Dort endet dann erst die Jachenau mit einem Blick über den wie verwunschen daliegenden Walchensee.

Die drei Eichen stehen leider nicht mehr am Ufer des Sees, die mein Urgroßvater seinen Südtiroler Verwandten beschrieben hat als Orientierungspunkt, wenn man vom Walchensee aus den Weg in die Jachenau hineinfinden wollte. Die Bauleute aus Italien, die um die Jahrhundertwende so manchen Bauernhof in der Jachenau neu aufgebaut haben und ein bißchen ihr eigenes Stilempfinden hinterließen, sind sicher noch an ihnen vorbeigekommen.

Lang hingezogen liegt sie also da, die Jachenau, ziert sich manchmal ein bißchen und windet sich, entweder im vollen Sonnenlicht - aber auch bei Regen - und manchmal scheint es wie in einer Waschküche zu dampfen, wenn die Nebelschwaden aufsteigen und das ganze Tal zudecken und verstecken.

Der Einzug des Pfarrers aus Schwaben

In dieses Tal nun zog am 1. August 1914, genau an dem Tag, da der 1.Weltkrieg begann, unser Pfarrer Joseph Conrad, den Wagen hochaufgepackt mit Möbeln, dabei mußte er damals bei jedem Weiler absteigen, um ein Gatter zu öffnen und zu schließen.

Jeder Weiler war nämlich eine kleine autarke Welt für sich und verschloß sich mit einem Gatter. Der Weg war nur ein besserer Feldweg - manche Leute erinnern sich, daß er in der Mitte noch mit Gras bewachsen und oft voller Schlaglöcher war.

Vielleicht hat der Pfarrer gleich seinen Studienkollegen - den Lehrer - begrüßt, denn die Schule liegt am Wege. Nur war es damals noch nicht die Ferdinand-Feldigl-Schule, sondern ihre kleinere Vorgängerin. Ferdinand Feldigl selbst war einige Jahrzehnte vorher Lehrer in der Jachenau und hat sich mit dem Lied "Die schöne, stille Jachenau" ein Denkmal gesetzt. Unser Pfarrer hat dann vielleicht weitere Gatter auf- und wieder zugemacht, wußte aber noch nichts von der romantischen Liebesgeschichte zwischen einem Postillion und einer Bauerntochter, die ihm immer hilfreich zur Hand ging, damit er nicht ständig von der Kutsche absteigen mußte. Der Postillion hat schließlich den Dienst quittiert und ist Bauer auf dem Hof geworden. Noch heute ist sein Name in diesem Ortsteil erhalten.

Das mit den Gattern hatte aber auch seine unangenehmen Seiten. Wo sich Jachenauer im weiteren Umkreis sehen ließen - in Nachbargemeinden oder in der Kreisstadt -, hieß es gleich: "Hat ma euch heut auslassen?" oder "hams an Godern heit aufgmacht?"

Unser Pfarrer wußte von all dem natürlich nichts und fuhr weiter zu seinem Pfarrhof, der neben der Kirche auf besagter Anhöhe lag. Mittlerweile wurde er abgerissen, aber in der alten Form und Größe neu erbaut. Für seine Ankunft in der Jachenau hatte er sich einen denkbar schlechten Tag ausgesucht, denn die Aufmerksamkeit der Leute richtete sich mehr auf den Ausbruch des Krieges, als auf ihn. Trotzdem wurde von verschiedenen Leuten gleich bekrittelt, daß ein rechtes "Glump" auf seinem Wagen war. Er hätte doch einen anständigen Haushalt beieinander haben müssen, wo er schon ein gestandenes Mannsbild war und kein "notiger" Kaplan.

Wer weiß, was die Leute alles abladen mußten? Der neue Pfarrer brauchte nicht nur sein Brevierbuch, sondern noch viele andere Dinge, mit denen er sich beschäftigen wollte.

So war er komplett mit Schusterwerkzeug ausgerüstet, hatte einen Lötapparat zum Tigel- und Pfannenflicken dabei, und Uhrmacherwerkzeug fehlte auch nicht. Am meisten wird sie so eine Art "Höllenmaschine" irritiert haben, die auch auf dem Wagen war und abgeladen werden mußte. Es war ein Generator mit Dieselmotor, mit dem er dann bald Pfarrhaus und Kirche mit elektrischem Licht versorgte. Das große Fest zum Einzug des neuen Pfarrers fiel wegen des Kriegsbeginns aus - ja, er ist eigentlich nie richtig installiert worden. Und deshalb haben Pfarrer Conrad und die Jachenauer fast vierzig Jahre lang in "wilder Ehe" miteinander leben müssen.

Ein Pfarrer sprengt sich in die Herzen.

Daß der neue Pfarrer ein Schwabe war und einen fremdartigen Dialekt sprach, war zunächst eine harte Nuß für die Jachenauer. Als sie ihn dann predigen hörten, waren sie mit ihm versöhnt. Er predigte lange und gut, wobei er sich des Hochdeutschen befleißigte. Die Leute hörten ihm gerne zu, besonders die Frauen. Von den Männern standen ja sowieso viele im "Vorzeichen" und hörten nicht richtig hin.

Diejenigen Männer, die drinnen in der Kirche waren - und kaum, daß sie bei der Predigt zum Sitzen kamen, auch schon schliefen, mußte er des öfteren ermahnen. Dabei hatte er es auf einen ganz besonders abgesehen: "Der Friedlbauer schloft o scho mea", womit er jenen unsanft aus seinen Träumen riß. Leider waren Pfarrer Conrads Predigten alle aus dem Stegreif. Es sind keine schriftlichen Aufzeichnungen erhalten. Wohl ist aber noch in Erinnerung, daß er immer ziemlich als Letzter die Kirche betreten hat - eiligen Schrittes, mit wehenden Gewändern und einigen Büchern unter dem Arm, die er dann während der Predigt zu Rate zog.

Mit seinem Singen ging es nicht so gut. Er hat einmal von sich behauptet, daß von den 70 Priesterstudenten 40 unmusikalisch gewesen seien, er aber der schlechteste von allen gewesen wäre!

Hätte er nicht den Kramer Hans gehabt, der auf alle seine musikalischen Entgleisungen in die dazu passende Tonart transponieren konnte, wären er und die Jachenauer arm dran gewesen. So aber machten sich sogar Leute aus Bad Tölz das Erlebnis zum Sonntagsvergnügen, ob und wie der Hans den Ton findet, und fuhren deswegen extra bis in die Jachenau zum Gottesdienst!

Ganz so unmusikalisch, wie der Pfarrer immer tat oder von sich behauptete, kann er nicht gewesen sein. Als nämlich der Kirchenchor einmal personell oder stimmlich nicht in der besten Form war, tat es seinen angeblich unmusikalischen Ohren so weh, daß er während der Messe dem Chor abwinkte und sagte: "I leas iatz still weiter - und ihr könnt's hoimgeha!"

Gut, daß die Chormitglieder die Eigenheiten ihres Pfarrers in der Zwischenzeit kennen gelernt hatten - sie waren deshalb nicht beleidigt, oder höchstens nur kurze Zeit.

Beeindruckt waren die Jachenauer, als er sich beim Anlegen neuer Wege und beim Bau der Wasserleitung als Sprengmeister zur Verfügung stellte. Ob er damals schon staatlich geprüfter Sprengmeister war oder sich in der Jachenau erst dazu hatte ausbilden lassen, konnte ich nicht mehr erfahren. Auf jeden Fall waren die Arbeiten an der neuen Wasserleitung, die das Walchenseekraftwerk als Gegenleistung für das zurückgehaltene Wasser der Jachen kostenlos einrichten ließ, sehr anstrengend und auch gefährlich, weil Felsen gesprengt werden mußten. Aber unserem Pfarrer Conrad war in dieser Hinsicht nichts zu hart. Da war das Sprengen der Baumstümpfe auf den Almweiden das reinste Vergnügen: Lunte legen, Soutane hochheben, anzünden, wegrennen.

Einen so "dynamischen" Pfarrer wie ihn wird man wohl nicht mehr finden - mit Dynamit und Zündschnur konnte er umgehen!

Der Alltag des Pfarrers in der Jachenau

Der 1. Weltkrieg war in vollem Gange, die Männer waren im Krieg, und die Frauen leisteten oft doppelte Arbeit. Wie gut fügte es sich da, daß wenigstens ein Pfarrer da war, den sie mit ihren großen und kleinen Kümmernissen belästigen und um Rat und Hilfe angehen konnten.

Das viele Werkzeug hatte der Pfarrer nicht umsonst mitgebracht. Er flickte Schuhe, lötete Pfannen und "Häfen", reparierte Uhren und Radios und kannte sich mit dem elektrischen Strom aus. Als in der Jachenau zwei Jahre nach seinem Einzug die Primiz des nachmaligen Caritasdirektors gefeiert wurde, tat er sich als Fotograf hervor. Er fotografierte fortan zu festlichen Anlässen und auch zu seinem eigenen Vergnügen. Kommunion- und Hochzeitsbilder stammen von ihm, dann entwickelte er die Bilder natürlich auch selber und machte mit seinen Fotografien und seiner Zeichenkunst herrliche Festtafeln. Der neue Pfarrer war ein technisches Talent, er konnte und machte beinah alles. So verschaffte er sich bald großen Respekt, und seine Eigenheiten und auch Grobheiten nahm ihm keiner mehr übel.

Er konnte zum Beispiel fuchsteufelswild werden, wenn jemand auf "seine" Wasserleitung schimpfte. Gab sie nicht genug Wasser, dann mußten die Weibsleut dran schuld sein, die alle wie abgesprochen "dia Weasch wascha". Oder er befahl:"D`Untataler sollat it soviel Wassa vabraucha!" Denn wenn die Reserv`fast leer war, fiel der Wasserdruck ab, und die höhergelegenen Häuser - so auch der Pfarrhof - waren ohne Wasser.

"Heut ha i mi net amal awascha könna", schimpfte er dann schon mal in der Kirche nach dem Amt.

Hatte er etwas fertig repariert, tat er es nach der Messe beim "Weichbrunnausteilen" den entsprechenden Leuten kund. Meine Mutter hat es einmal ganz deutlich gehört, wie er sagte: "Luitpolderin, deine Schuah kannst dir scho hola, dia sind scho gsohlat!"

Ähnlich war es, wenn eine Uhr repariert war oder ein "Parasol". Dabei wäre es von Nutzen gewesen, die betreffende Person hätte ihren Regenschirm gleich aufgespannt, denn meistens hat der Pfarrer den Weihwasserpinsel so tief in den Kessel getaucht und ihn dann so kräftig geschwungen, daß die Kirchenleute ganz naß geworden sind.

Einmal ist ihm der Pinselkopf beim Austeilen weggeflogen, und er sagte zu seinem Ministranten: "spring na"!

Natürlich bedeutete das nicht, er solle dem Weichbrunnbemsl nachspringen, sondern auf schwäbisch heißt das soviel wie laufen oder "hol ihn wieder her!". Wollte er seinen Meßdiener springen lassen, hätte er auf schwäbisch gesagt: "juck na!" und der Bub hätte darauf vielleicht gemeint: "mich beißt's ja gar nicht!", wobei mit beißen aber jucken gemeint ist. Nicht zu Unrecht heißt es: "Deutsche Sprache - schwere Sprache", was aber auch mit "Vielfalt" übersetzt werden könnte.

Das war alles weiter nicht schlimm, jeder wußte, daß es der Pfarrer eilig hatte. Vielleicht mußte er gerade den Wasserstand messen oder eine Wetterbeobachtung eintragen; oder die Straßenarbeiter warteten darauf, daß er zum Sprengen kam. Die Weitergabe wichtiger Informationen in der Kirche hat sich jedenfalls gut bewährt, denn hier traf er alle Leute an. Er konnte sich nicht damit aufhalten, den Bäuerinnen eine Botschaft draußen vor der Kirchentür zu sagen.

Höfe auf der Schattenseite
und Winter in der Jachenau

Die Jachenau ist gesäumt von bewaldeten Bergen, die nicht allzu hoch, aber auch nicht gerade niedrig sind. Weil das Tal aber so eng ist, werfen sie im Winter natürlich lange Schatten, und es gibt Bauernhöfe, die wochenlang während der Winterzeit ständig im Schatten liegen. Sie werden "Schodseitenhöf" von der Bevölkerung genannt, auf hochdeutsch "Schattenseitenhöfe", was aber viel komplizierter zum Aussprechen ist.

Im Jachenaubuch des späteren Monsignore Nar ist ein altes Lied über solche Schattseitenbauern abgedruckt. Es kann sich dabei aber kaum um Jachenauer Höfe handeln, denn "kloane Schodseitnbäuerl" sind sie gerade nicht, die in der Jachenau auf der Schattenseite liegen.

Ein paar kleinere Bauern werden dem Lied wohl zustimmen, wo es darum geht, wie mißlich ihre Lage ist. Dabei ist noch nicht einmal vom vielen Schnee die Rede, der oft ein halbes Jahr lang auf der Schattenseite liegenbleibt.

Schnee gab es in der Jachenau immer genug - auch heute noch, und die Schilangläufer wissen das besonders zu schätzen. Früher war der viele Schnee durchaus auch eine Plage, weil es noch keine so guten Schneepflüge gab. Nur Pferde- oder Ochsenfuhrwerke und der Postschlitten machten eine Spur durch das Tal. Schlimm dran waren die Kirchgeher, die zur Frühmesse wollten, und die Schulkinder; sie mußten sich ihren oft stundenlangen Weg von den weit entfernten Höfen durch tiefen Neuschnee bahnen - meist noch im Dunkeln.

Der Schnee war auf der Straße stellenweise bis zu einem halben Meter hoch festgefahren oder festgetreten. Ganze

Kolonnen von Männern mußten im Frühjahr die Straße frei-hacken.

Als die Gemeinde einen Schneepflug aus Holz anschaffte, mußten auf ihm bis zu zwanzig Leute Platz nehmen, damit er den nötigen Tiefgang bekam. Bei besonders viel Schnee wurde er zwölfspännig, das heißt von zwölf Rössern gezogen, die bis zum Bauch im Schnee versanken. Es war ein echtes Ereignis, als in den sechziger Jahren die erste Schneefräse in die Jachenau fuhr. Die Schneewände an den Straßenrändern waren dadurch allerdings viel höher und oft im Mai noch nicht weggetaut.

Die meisten Kinder mußten einen weiten Schulweg bewältigen und hatten oft nicht das entsprechende Schuhwerk dazu. Die Mädchen trugen lange Röcke und Unterröcke - "Kittl und Unterkittl". Unterhosen gab es noch nicht, oder waren noch nicht "der Brauch". Aber die Kinder waren es nicht anders gewöhnt und ertrugen tapfer alle Strapazen.

Zur Kirche war es für die meisten noch weiter als bis zur Schule, und die langen Röcke der Mädchen waren dann bis zu den Knien herauf steifgefroren.

Da hat der neue Pfarrer dann gleich ein Mitleiden gehabt. Schon im ersten Winter seiner Amtszeit stellte er einen Kanonenofen in die Sakristei, damit die Mädchen ihr G'wand auftauen konnten, bevor sie in die kalte Kirche hinaus mußten; so war wenigstens der Stoff nicht mehr so hart zum Draufknien.

Was machte es da schon, daß das Ofenrohr in Ermangelung eines Kamins zum Fenster hinaus gesteckt werden mußte? Nur wenn überhängende Dachlawinen von der Wärme des Ofenrohrs zum Einsturz gebracht wurden, das Ofenrohr gleich mit sich rissen und der Rauch des Feuers anstelle durch das Fenster in die Kirche entwich, wurde die Sache etwas ungemütlich. Aber unverdrossen schraubte und steckte Pfarrer Conrad Ofenrohr und Ofen immer wieder zusammen - denn einen Kamin an eine Kirche anbauen - das wäre denn doch nicht gegangen.

Wenn die Kinder dann in ihrer Schule ankamen, die ja zwei Kilometer talauswärts liegt, war ihr Gwand wieder wie vorher steifgefroren und das Auftauen begann von Neuem.

Auf jeden Fall hatten die Kinder das Gefühl, daß der neue Herr Pfarrer für sie sorgte. Dieses Gefühl wurde sogar noch verstärkt, als es sonntags nach der Christenlehre im Pfarrhof eine warme Suppe gab. Und später, als sein Obstgarten reiche Früchte trug, teilte er Äpfel, Birnen und Zwetschgen mit vollen Händen an die Kinder aus. Er suchte außerdem selber widerstandsfähige Obstsorten aus und pflanzte in den Bauerngärten die entsprechenden Setzlinge.

So trägt seine Arbeit und Fürsorge auch heute noch im wahrsten Sinne des Wortes ihre Früchte.

Großbauern und Kleinhäusler

Nicht jeder kann ein großer Bauer sein, wenngleich es seine Vorteile hat. Wenn ein Jachenauer Bauer "sein Sach und seine Leut gut beinander hatte", konnte er durchaus wie ein Fürst regieren. Selbst der "Kini" in München hatte es in mancher Hinsicht nicht besser, wie der jetzige Pfarrer Albert meinte. Aber ein großer Bauer hatte auch sein ganzes Leben lang eine Verpflichtung und Verantwortung seinen Leuten und dem Anwesen gegenüber; vielleicht wurde ihm deshalb im Todesfall die große Glocke geläutet. Pfarrer Albert änderte das und läßt für jeden Verstorbenen die große Glocke läuten.

Natürlich gab es in der Jachenau nicht nur Bauern, sondern auch kleine Leute, "Kleinhäusler", bei denen im Stall nur drei oder vier Kühe standen oder gar nur ein paar Geißen oder Schafe. Im Hauptberuf waren diese Leute Holzer, Wegmacher, Wagner, Schäffler, Sagler, Postbote oder "Söldner" und nebenbei vielleicht noch Bienenzüchter, Totengräber oder "Ehrvater", was anderswo Hochzeitslader heißt.

Oft waren es Zweitgeborene, und wenn sie auch nur ein karges Auskommen hatten, so hätten sie doch ihre Heimat um nichts in der Welt mit einer anderen getauscht.

Nur wenn man auswärts einheiraten konnte, war das etwas anderes - aber doch nicht so wie in der Jachenau! Meiner Mutter war's auch "ant", als sie fortmußte von der Jachenau. Erst die Geburt von uns Kindern nahm ihr etwas das Heimweh.

Pfarrer Conrad wußte genau, wo die kleinen Leute der Schuh drückte, und half ihnen nach Kräften. So bestand er streng darauf, daß ihm die Bauern den "Antleßbutter", das heißt, die Kirchenabgaben in Form von Butter auch pflichtgemäß brachten, andererseits verteilte er "ihn" wieder großherzig an die Bedürftigen. So war er - der Pfarrer Conrad!

Bergeinsamkeit

Die Berge säumen das Tal nicht nur, sie begrenzen es auch; es wird von ihnen förmlich eingeschlossen. Es war schon schwer, in dieses Queralpental hineinzugelangen, weil es so versteckt und abseits liegt; andererseits ließ es seine Bewohner auch nicht mehr los mit seiner Stille und Abgeklärtheit.

Einen "Jachner" kann man auch heute noch erkennen an seinem G'wand und seiner Art.

Johannes Nar schreibt in seinem Buch vom "Jachnastoiz", den die Leute ruhig beibehalten sollten. Sie konnten auch stolz sein auf ihre Herkunft aus "bauernadeligen Geschlechtern" (Zitat Johannes Nar) und auf ihr einmalig schönes Tal. Eine natürliche Autorität wurde anerkannt, die Tradition verpflichtete und verband die Menschen untereinander.

Die Verbindung zu anderen Orten war spärlich , nur die Postkutsche verkehrte zwei oder dreimal die Woche (später der Postomnibus einmal am Tag), und der "Bot" brachte die nötigsten Dinge für das tägliche Leben: Mehl und Zucker, Salz und Pfeffer, Seife und Waschpulver, aber nicht die Post. Weil die Bestellungen so umfangreich wurden, fuhr der Bot jahrelang mit einem Planwagen.

Die Post dagegen wurde vom Postboten zugestellt. Der fuhr am Nachmittag mit dem Fahrrad bis nach Letten, (Diözesangrenze!!) nahm die Post in Empfang, verteilte sie auf dem Heimweg auf den Weilern, was den ganzen Nachmittag in Anspruch nahm. Am nächsten Vormittag verteilte er die restliche Post im Dorf und fuhr am Nachmittag wieder hinaus nach Letten. Mein Urgroßvater war so ein Postbot und zugleich der erste Jachenauer, der auf einem Fahrrad fuhr.

Zum Vergnügen ist man nirgends hingefahren, höchstens zu einer Hochzeit, aber fleißig zu Beerdigungen, auch wenn der Verstorbene nicht verwandt war. (Es ist der Brauch, daß aus jedem Haus jemand zur Beerdigung geht, und wenn es der Allerärmste gewesen war.)

Das konnte man mit einem Fuhrwerk oder auch mit dem Fahrrad machen - je nach Anzahl der Teilnehmer - und gekostet hat es auch nichts. Sogar heute sieht man noch ab und zu eine Radlerin, angetan mit schwarzem Mantel und Schnurhut; dann fährt sie zu einer Beerdigung oder einem Jahrtag.

Ein arbeitsames Weiblein zum Beispiel ist früher anscheinend nie aus dem Tal hinausgekommen, denn bei Wegscheid hat es ausgerufen: "O mei, o mei, ist die Welt so groß, gibts da a no Heisa?"

Die Stille der Jachenau wurde besungen und bedichtet. Meine Mutter hat es einmal so ausgedrückt: "Man hätte auf der Straße liegen können und Zeitung lesen - man wäre nicht überfahren worden!" (Der Bote hätte bestimmt angehalten!) Heute gibt es diese Ruhe leider nur noch im Winter, weil in der übrigen Zeit das Jachental die Durchfahrtsstrecke zum Walchensee geworden ist. Daß die Landschaft aber fast noch so unberührt und unverbaut ist wie damals, verdanken die Jachenauer dem Widerstand der grundbesitzenden Bauern und weitsichtigen Bürgermeister gegen alle kommerziellen und modernistischen Bestrebungen. Als da sind: Hotels, Schwimmbäder, Sanatorien, Zweitwohnungen, Parkplätze und Discos. So etwas wird man in der Jachenau nicht finden und hoffentlich auch nicht in der Zukunft.

Auf der Straße liegen und Zeitung lesen kann man allerdings nicht mehr.

Pfarrer Conrad und die Frauen

Katholische Pfarrer dürfen nicht heiraten und müssen nach dem Zölibat leben. Deswegen brauchen sie die Frauen aber nicht zu hassen, wenngleich es manche taten, um dieses Verbot besser verkraften zu können.

Pfarrer Conrad kam es anscheinend mehr darauf an, seine eigene, freie Entscheidung in den Vordergrund zu stellen und wollte dies "seinen Buben" klarmachen.

Sonntags um halb 11 Uhr war Christenlehre. Alle Feiertagsschüler hatten sich einzufinden.

Gleich nahm er die Ehelosigkeit des Priesters durch:

"Habt ihr vielleicht denkt ihr Buaba, mir Pfarrer hättet koine kriagt - noi, mir hent koine wölla!"

Womit der Zölibat abgehandelt war.

Die Buben wußten also Bescheid, daß er keine wollte. Ob das wohl ganz die Wahrheit war?

In späteren Jahren, als er schon milder gestimmt war, fragte er einmal einen Ministranten: "Iatzt, Schorsch, was moinscht alls du von de Weiber?" Der Bub war ganz verwirrt und wußte keine Antwort. Da gab der Pfarrer sie sich selber, indem er sagte: "Sia sind scho reacht - zum Strümpf stopfa und wascha und Suppa kocha. . ."

Sonntags nach dem Hochamt waren die Damen vom Forstamt zum Kaffee eingeladen. Die Forstamtssekretärin, das Fannerl, war auch dabei. Nachdem das Aufgetragene verzehrt war, wollte er die Weibsleut wohl wieder los werden und forderte sie darum auf: "Iatzt könnadr scho mea ganga!" Er hatte längst schon wieder andere Sachen im Kopf als Kaffeetrinken.

Daß Pfarrer Conrad Verständnis hatte für die Jugend, hier speziell für ein junges Mädchen, macht die Antwort deutlich, die er einer Bäuerin gab, als sie sich über ihre allzu lebenslustige "Dirn" beschwerte. Er sagte nur: "Laß se ganga, se werd scho o no a alte Beatschwester!"

Den Frauen, die zur Pfarrköchin zum Strickabend kamen und sich bei ihren Norwegermustern mit den verschiedenfarbigen Wollen immer verhedderten, konstruierte er ein Drahtgestell mit Häkchen. Sie konnten das auf den Finger stecken und fortan störungsfrei stricken. Ja, sogar Muster hat er ihnen entworfen!

Seine Köchin Helene nannte er meistens "Helius", was die latinisierte Form des griechischen "Helios" und Sonne bedeutet. Wenn es eine versteckte Liebeserklärung war, ist ihm das vielleicht selbst nicht klar gewesen. Helene war jedenfalls "ein seelnguats Leut" und kannte nichts anderes als Gutsein. Noch heute fragen sich die Leute, wie sie es fertiggebracht hat, alle zu bewirten, die ins Pfarrhaus kamen. Speziell das Kommunionessen wird allen Jachenauern in Erinnerung bleiben, die daran teilgenommen haben: Die Kinder bekamen ein komplettes Mittagessen, und am Nachmittag bewirtete Helene noch die Mütter mit Kaffee und Kuchen!

Das alles tat sie natürlich mit dem vollen Einverständnis ihres Pfarrherrn. Mit ihrer Gutheit war sie vielleicht doch eine Sonne, die mit ihrem warmen Schein auch sein Leben erhellte.

Gebet des Hl. Thomas Morus

Schenke mir eine gute Verdauung, Herr,
und auch etwas zum Verdauen.
Schenk mir Gesundheit des Leibes,
mit dem nötigen Sinn dafür,
ihn möglichst gut zu erhalten.

Schenke mir eine heilige Seele, Herr,
die das im Auge behält,
was gut ist und rein,
damit sie im Anblick der Sünde nicht erschrecke,
sondern das Mittel finde,
die Dinge wieder in Ordnung zu bringen.

Schenke mir eine Seele,
der die Langeweile fremd ist,
die kein Murren kennt und kein Seufzen und Klagen,
und laß nicht zu,
daß ich mir allzu viel Sorgen mache
um dieses sich breit machende Etwas,
das sich 'Ich' nennt.

Herr, schenke mir Sinn für Humor,
gib mir die Gnade,
einen Scherz zu verstehen,
damit ich ein wenig Glück kenne im Leben
und anderen davon mitteile!

So betete der Hl. Thomas Morus, und so hätte Pfarrer Conrad bestimmt auch gebetet. Leider weiß ich nicht, ob der Pfarrer gerade dieses Gebet kannte, aber es würde sehr gut zu ihm passen. Er sorgte doch dafür, daß es immer etwas zum Verdauen gab, weil er selber den nahrhaften Dingen sehr zugetan war.

Sein Bruder, der Pfarrer in Honsolgen bei Buchloe war - also im Unterland - war das genaue Gegenteil. Obwohl dieser sozusagen "bei den Fleischtöpfen Ägyptens" lebte oder in der "Kornkammer Israels", war er ein Asket und von Gestalt hager.

Ob die Bauern des Unterlandes es nicht auf sich sitzen lassen wollten, daß ihr Pfarrer so schlecht aussah - sie brachten ihm vorsorglich reichlich Geräuchertes und Speck - er aber lebte weiterhin asketisch und vor allen Dingen fleischlos. Bestimmt hat er seinen Bruder, den Jachenauer Pfarrer, mit "Gselchtem und Gräuchertem" versorgt, wenn dieser zu Besuch kam - und das war nicht so selten.

Das Ordinariat in Augsburg zitierte nämlich ihren etwas ungewöhnlichen Pfarrer des öfteren zum Rapport. Da lag ein kleiner Umweg nach Honsolgen auf der Hand. Im Gegenzug kam sein hagerer Bruder auch öfter in die Jachenau zur Erholung und die geistliche Schwester zum Auskurieren ihres Lungenleidens. Letztere hat aber nicht nur die würzige Luft eingeatmet, sondern auch die Stammbäume der einheimischen Familien nachgeforscht.

In der Jachenau nutzte unser Pfarrer die alljährlichen Haussegnungen nach Heilig-Drei-König gern, um ausgiebig Brotzeit zu machen. Wenn des Guten zuviel war, sagte er zu der jeweiligen Bäuerin: "Was i nimmer zwing, packscht mer ei!" Dafür mußte er aber auch nur ganz selten zu einem hungrigen Pfarrhausbesucher, zu Bettlern und Handwerksburschen sagen: "Heit hab i nix - kannscht mea ganga!"

Kleinere und größere Unfälle

Pfarrer Conrad war mit einer reich sortierten Hausapotheke ausgestattet. Zum einen war es gute Tradition im Jachenauer Pfarrhaus, daß der Pfarrer erste Hilfe leisten konnte, zum andern waren ja weder Arzt noch Apotheke im Ort.

Maximilian Lizius schreibt in seinem Roman "Das Lied von der Jachenau", daß ein früherer Pfarrer, Nepomuk Schwaighofer, wegen dieser Tätigkeit sogar angezeigt worden ist. Aber selbst das hohe Gericht sah ein, daß in der weltabgeschiedenen Jachenau erste Hilfe geradezu unerläßlich sei, außerdem habe der Pfarrer sie kostenlos erteilt.

Sehr oft brauchte Pfarrer Conrad die Hausapotheke auch für sich selbst, weil er ja recht gefährlichen Tätigkeiten nachging. Bei seiner Liebe zur Technik war es nur natürlich, daß es ab und zu kleine Unfälle gab.

Als er zur Osterzeit das Hl. Grab elektrifizierte, d.h. hinter jeder bunten Glaskugel ein elektrisches Lämpchen anbrachte, ging es noch einigermaßen glimpflich ab.

Beim Verlegen der Kabel hat sein Helfer nämlich einen kleinen Stromschlag abbekommen, worauf ihm ein Fluch entwischte.

"Gell, in der Kirch wird net gfluacht" hat der Pfarrer ihn zurechtgewiesen. Kurze Zeit darauf, als auch er einen "gewischt" gekriegt hatte, soll er selber viel deftiger geflucht haben. Pflaster brauchte er dafür aber noch keines.

Eines Tages schickte er sich an, in der Pfarrhausküche Krautköpfe zu hobeln, weil er sich einen Wintervorrat an Sauerkraut zulegen wollte. Er dachte sich eine "trickreiche" Konstruktion aus, wobei er den fast einen Meter langen hölzernen Krauthobel mit dem hinteren Ende auf die Herdstange und dem vorderen Teil auf eine Stuhllehne legte.

Damit der Stuhl nicht wegrutschen konnte, kniete er sich

auf die Sitzfläche, nahm jeweils einen halbierten Krautkopf in die Hand, zog ihn vorsichtig über die schräg eingelegten, scharf geschliffenen Messer und hobelte selbstzufrieden vor sich hin. Bis plötzlich nicht der Stuhl, sondern der Hobel wegrutschte, der Stuhl nach vorne kippte und er mit voller Wucht auf den am Boden liegenden Hobel fiel!

Wie gut war es da, daß ein Apothekenkasten und die Helene im Hause waren. Sein Gesicht wurde kreuz und quer mit Pflastern versorgt, so daß er sehr abenteuerlich aussah. Einige Tage lang war er dann sehr schweigsam, weil ihm der Mund beim Reden weh tat. Ja, da ist er bös auf's Maul gefallen, was ihm sonst - im sprachlichen Sinne - nicht leicht passierte.

Beim Füttern seines zahmen Raben auf einem Felsen in

der Friedhofecke, "Rabenstein" genannt, hat es ihn einmal ordentlich auf seinen "Hintern nag' haut", weil er im Schnee nur in Hauspantoffeln zu dieser Futterstelle gegangen war. Die lädierte Stelle war jedoch der Öffentlichkeit nicht zugänglich, und somit konnte man höchstens an seinem zaghaften Auftreten vermuten, was passiert war.

Am schlimmsten hat es ihn bei einem Autounfall erwischt, als er mit dem Mesmerbauern nach Tölz gefahren ist. Da hätte seine Hausapotheke wohl nicht mehr ausgereicht! Ein Bub, der den Pfarrer hat liegen sehen, schrie nämlich ganz laut bei seinem Anblick: "Ui, da Herr Pfarra bliat wia'r a Sau!"

Tierliebe

In der Jachenau haben auch Dackel im Pfarrhaus eine lange Tradition. Maximilian Lizius schildert, wie der junge Lehrer Ferdinand Feldigl im Pfarrhaus vorsprechen wollte und mit dem wütenden Gekläff von zwei Dackeln empfangen wurde. Bei Pfarrer Conrad wurde der bischöfliche Sekretär einmal von Dackeln beinahe in die Flucht geschlagen!

Vielleicht waren die Dackel von Pfarrer Conrad noch Nachfahren jener bereits "aktenkundigen" Hunde, und sie hatten einen Ruf zu verteidigen - wer weiß, bellen konnten Pfarrer Conrads Dackel jedenfalls auch sehr gut. Manchmal taten sie ein Übriges und zwickten die Leute in die Beine - aber da waren diese sicher selber daran schuld! Außerdem stand ja die sehr gut sortierte Hausapotheke für jeden offen, der sie benötigte.

Pfarrer Conrad hat bestimmt versucht, seinen Dackeln das Folgen beizubringen - aber wenn er alles konnte, das hat er jedenfalls nicht geschafft! Die Hunde waren so ungebärdig, daß sogar während des Hochamtes immer eine Aufpasserin im Pfarrhof bleiben mußte.

Die Hunde wußte er während der Messe versorgt - wie hätte er sich sonst auf Hochamt und Predigt konzentrieren können? Zum Religionsunterricht in die Schule durften die Dackel aber mitgehen. Der Weg dahin war ein schöner Auslauf für sie. Durch die gehabte Anstrengung verhielten sie sich dann im Klassenzimmer verhältnismäig ruhig. Es sei denn, eins von den Kindern hat ganz zufällig mit einem Butterbrotpapier geraschelt - dann ging es aber los! Und wer war schuld? Der Raschler natürlich! Zur Strafe mußte dann der- oder diejenige das Pausebrot mit ihnen teilen.

Manchmal war der Unterricht mehr "Dackelkunde" als Religionskunde; die Kinder nutzten das natürlich schlau aus und stellten sich daher gut mit "Usch" und "Zwack" und fütterten die Lieblinge des Pfarrers gleich freiwillig mit ihrem oft sowieso ungeliebten Pausenbrot.

Auf dem Heimweg von der Schule liefen die Hunde wieder brav neben ihrem Herrn her, als könnten sie kein Wässerchen trüben - bis sie beim Loachbauern freilaufende Hühner entdeckten. Sie vergaßen sofort ihre Erziehung, bellten hinter den Hühnern her und jagten sie um das Haus herum. In ihrer Not flüchteten die Hühner in ein offenes Aborthäusl, das wie bei allen Bauern neben dem Stall über die Jauchegrube gebaut war. Das half den Hühnern aber nichts - die Hunde blieben ihnen auf den Fersen und in dem "Häusl" flogen erst richtig die Federn.

Unser Pfarrer hoffte, die Dackel jetzt erwischen zu können, aber das Durcheinander wurde durch ihn nur noch größer.

Da fanden die Hühner plötzlich einen Rettungsweg: Sie konnten "unterirdisch" davonkommen; durch ein Loch in der morschen Rückwand des Aborthäusls schafften sie es, halb laufend und halb fliegend über die Odelgrube bis ans trockene Ufer zu gelangen. Den armen Dackeln aber gelang dieselbe Aktion dagegen nicht so gut. In ihrem Jagdeifer sprangen sie dem Federvieh nach und blieben sogleich in dem für sie zu engen Loch stecken. Ein jämmerliches Gekläff und Gewinsel hob an, das dem Pfarrer durch Mark und Bein ging. Was sollte der Pfarrer tun? Auf keinen Fall konnte er seine Lieblinge im Stich lassen! Kurz entschlossen krempelte er die Ärmel hoch und zog sie heraus aus dem "Orkus", wie weiland der Hausvater in der Bibel ebenfalls seinen Esel aus der Grube gezogen hatte, und das noch dazu am Sabbat.

Am nahen Brunnentrog wurden Pfarrer und Dackel notdürftig gereinigt, zogen aber trotzdem noch eine gewaltige "Duftfahne" hinter sich her, als sie durchs Dorf hinauf zum Pfarrhof marschierten. Wenigstens war die Geschichte nicht am Sonntag passiert.

Fleischliche und geistige Genüsse

Im Religionsunterricht hatte es ihm das Freitagsgebot besonders angetan. In grauslichsten Farben schilderte er die Strafen,
die einem Mißbrauch offenbar auf dem Fuße folgen würden.
"Da holt eich da Teifl" hielt er ihnen vor Augen. Damit ist er
aber ein bißchen zu weit gegangen. Bei einer Hofaussegnung
um Dreikönig stellte ihm die Hanslbäuerin zur Stärkung einen
frischen Pressack hin und das nötige Bier dazu, denn das
mochte er auch sehr gern.

Der Pfarrer hatte schon Messer und Gabel in der Hand, als
ihn einer von den Ministranten am Ärmel zupfte und sagte:
"Net, Herr Pfarra, heit is doch Freitag!"

Selbst auf seine Beschwichtigung hin, daß sie doch unter-
wegs seien, haben die Ministranten nichts angerührt. Und so
blieb ihm nichts anderes übrig, als ebenfalls Messer und Gabel
wieder hinzulegen. Das hat ihm arg leid getan und schwere
Überwindung gekostet.

Ein anderes Mal mußte der Pfarrer hinter seinen Ministranten auf dem langen Heimweg vom Untertal durch tiefen Schnee waten. Vielleicht weil nicht geräumt war und es schon dunkel wurde - oder war eventuell das Bier daran schuld ? - plötzlich kam er vom rechten Weg ab und fiel in eine tiefe Schneewehe an der Straßenböschung. Die zwei Buben wußten nicht, wie sie den großen und schweren Mann wieder auf die Füße stellen sollten. Nach einigem vergeblichen Bemühen drehten sie Hochwürden dann einfach mit den Beinen in Richtung bergab und konnten ihn so, indem sie sich mit ihren Füßen vor seine stellten, gemeinsam wieder auf die Beine stellen. "Daß ihrs aber neamad vazöllt" soll er extra gesagt haben, was anscheinend nichts genützt hat. Das ganze Tal hat es wieder einmal gewußt und herzlich über die Schwächen ihres Pfarrers gelacht.

Bei den Straßenarbeitern und Wegmachern, die ihn zum Sprengen brauchten, mußte er sich mit dem Abstinenzgebot keinen solchen Zwang antun. Die Männer packten an einem Freitag ihre Brotzeit aus, getrauten sich aber beinah nicht zu essen, weil der Pfarrer ja sehen konnte, daß sie Fleisch und Wurst dabei hatten. Er half ihnen aber gleich aus der Verlegenheit, weil er selber Geräuchertes essen wollte: "I freß ja net den Freitag, i freß ja s' Fleisch!" Und wofür gabs eigentlich den Dispens für Schwerarbeiter, wenn man ihn nicht ausnützt! Einige Leute behaupten sogar, daß er die Sprengtermine absichtlich auf die Freitage gelegt hatte.

Abends saß er gerne mit den Bauern im Wirtshaus beim Kartenspielen und leerte so manche Halbe. Dabei war ihm bewußt, daß er um Mitternacht heimgehen mußte, denn da begann für ihn das Nüchternheitsgebot. Um es nicht zu verletzen, mußte der Mesner ihm immer die Zeit ansagen: "Hoibe Zwoife is, Herr Pfarrer"! - "Ja, da leits no oine", war die Antwort, und Mitternacht wurde halt manchmal auch etwas verschoben. Ob er bis morgens immer wirklich nüchtern war, ist nicht verbrieft.

Auf jeden Fall ist er brav nach Hause gegangen, wenn auch ein bißchen schwankend. "Dös is a peppige Wirtschaft", war dann sein Ausspruch.

Am Biertisch und beim Kartenspielen konnte er allerdings auch seine säumigen Schafe ansprechen, warum sie nicht in die Kirche gingen: "Dich säh i doch gar nia in der Kircha!". Worauf der Angesprochene nur sagte: "Ja, i di a net!" Gewiß ist der Angesprochene bald einmal in die Kirche gekommen, und wenn es nur aus Freundschaft war.

Der Pfarrer erkundigte sich aber auch, wie seine Schafkopfbrüder nach Hause gekommen sind; besonders dann, wenn es ihm dabei selber nicht so gut ergangen war! Solche Fürsorge waren die Zecher sonst gar nicht gewöhnt und dankten es ihm mit Zuneigung und Vertrauen.

Auch am Tage mußte ihm seine Haushälterin oder ein Bub aus der Nachbarschaft regelmäßig eine frische Maß Bier holen - er tat ja auch rechtschaffene Arbeit, und da kriegt man Durst.

Einmal saß er auf seiner Hausbank mit dem Bierkrug in der Hand, als eine Gruppe erhitzter Madln bei ihm vorbeischaute, um sich für die Exerzitien zu verabschieden.

"Handr koin Durscht"?, fragte er sie teilnahmsvoll.

" Ja freili", nickten die Madln - sie waren so um die 18 Jahre herum - und hofften schon, daß sie aus dem Krug trinken dürften. Zu ihrer Enttäuschung sagte er aber nur: "Gehts in d' Kuchl naus, da gibt euch die Lena a Wasser!" So, da hatten sie's !

Beten und Arbeiten

"Ora et labora" - das ist der Wahlspruch der Benediktiner, aber er gilt auch für die Jachenauer. Früher gab es keinen Bauern, der nicht vor Beginn der Arbeit - vor dem Einsteigen in den Berg - den Hut gezogen und mit seinen Knechten ein Vaterunser gebetet hätte. Dasselbe nach getaner Arbeit, praktisch als Dank für einen unfallfreien Tag.

Zuhause erwartete sie nach dem Nachtessen noch das Rosenkranzgebet, das kniend verrichtet wurde. Die Andacht war vielleicht nicht immer die beste, auch die Aussprache war jachnerisch - ein Fremder hätte kein Wort davon verstanden und nicht mitbeten können.

Allein die Tatsache, daß kniend gebetet wurde, war ein Zeichen ihres tiefverwurzelten Glaubens. Daß sie manchmal schneller damit fertig werden wollten nach einem arbeitsreichen Tag, war doch nur allzu menschlich.

Auch Pfarrer Conrad muß so gedacht haben, als er mit seinen Arbeitern während des Gebetläutens den Hut zog und den "Engel des Herrn" betete. Normalerweise dauert das Gebet so lange, wie die Kirchenglocken läuten. Als ihn dann einer fragte, warum der Herr Pfarrer schneller damit fertig sei, erwiderte er schmunzelnd: "Ihr seids schea dumm, wenn ihr so lang beatat, wie da Mesma läut! Laßt doch de Niedernacha und de Sachabacha au no was zum beata!"

Taufen, Hochzeiten

Eine Taufe war früher kein großes Ereignis. Kinder waren zwar ein Segen, aber in manchen Familien kam der Segen fast zu reichlich. Andererseits waren die Schrecken der Kindersterblichkeit des vorigen Jahrhunderts noch gegenwärtig. Es galt auf jeden Fall den Wettlauf mit der "Vorhölle" zu gewinnen, in die so eine kleine Kinderseele ohne die heilige Taufe hineingelangen würde. Spätestens am dritten Tag wurden die Kinder getauft, oder es wurde die vorsorgliche Nottaufe wiederholt. Die Mutter des Täuflings war bei der Feier nie dabei; sie durfte sowieso vor drei Wochen nicht aus dem Haus gehen, das "hätt' si it g'hört".

Die Kinder wurden also ohne großes Aufhebens zur Kirche gebracht und je nachdem, wie weit der Weg war oder was man für ein Gefährt zur Verfügung hatte, transportiert. Selbst eine "Schloapf" wurde durchaus als brauchbar angesehen, obwohl man schon mal den Täufling dabei verloren haben soll. In einem Fall packte der Vater das Kind einfach in einen Rucksack und trug es auf dem Rücken zur Pfarrkirche. Jener Vater ging nach der Taufe noch mit dem "Godl" ins Wirtshaus, wie es der Brauch verlangte. Er stellte den Rucksack mit dem Kind auf die Fensterbank, leerte die erste Halbe, dann die zweite - bis ihm endlich das Kind wieder einfiel. Da lag es ganz verschwitzt und halb erstickt im Kissen - aber es wäre immerhin schon getauft gewesen im Falle des Erstickens.

Bei Hochzeiten ging es dagegen hoch her, besonders bei Bauernhochzeiten, wenn eingeheiratet wurde.

Bei der "Morgengab" wurden im Wirtshaus schon Bier und Weißwürst verzehrt, dann erst bewegte sich der Hochzeitszug zur Kirche. Nach dem Trauungsamt kam das Weintrinken: Alle Hochzeitsgäste gingen noch einmal am Altar vorbei und bekamen vom Pfarrer einen Schluck Wein aus dem Kelch. Diesen Wein kaufte der Hochzeiter und brachte ihn rechtzeitig in die Kirche. Beim Einschenken in den Trinkkelch hob Pfarrer Conrad einmal eine Flasche in die Höhe und sagte geringschätzig, aber gut hörbar in der Kirche: "Liebfrauamilch - dös ischt a saura Teifl". Also auch beim Wein kannte er sich aus!

Der Hochzeit geht das sogenannte Stuhlfest voraus; heute sagt man dazu Brautexamen. Ob der alte Ausdruck von den zwei besonders schönen Stühlen herstammt, die man den Brautleuten hinstellt, kann man nur vermuten. Unser Pfarrer muß nun bei einer Braut einen bestimmten Verdacht gehabt haben, weil er sie beim Stuhlfest fragte: "Was soll i saga beim Verkünda - Jungfrau oder Freilein?"

Dann wurden die Heiratswilligen ausgehängt, d.h. ein Anschlag im Vorzeichen der Kirche gemacht. Es wurde von der Kanzel verkündet, wer mit wem den Bund der Ehe eingehen will. Das hörte sich dann etwa so an: "Zum heiligen Sakrament der Ehe haben sich versprochen die ehr- und tugendsame Jungfrau....und der ehrengeachtete Jüngling....".Dann rückte er die Brille hin und her, räusperte sich und sagte: "Dös hat der Pfarra von Lenggrias gschrieba - dös ka koi Teifl it leasa!"

Wie es die kirchliche Ordnung verlangt, gehen die Neuvermählten nach der Trauung noch in die Sakristei für die Eintragung ins Kirchenbuch. Einmal konnte es sich unser Pfarrer nicht verkneifen, zur Braut zu sagen: "Bischt froh, daß'd no oin kriagt hoscht?" Und ein anderes Mal: "Hams di dahoim iatzt abracht?" (Sind's dich jetzt losgeworden?)

Beim Hochzeitsmahl in der Wirtschaft gab es früher erst das sogenannte Voressen, ein saures Gericht aus Innereien, dazu einen Semmelknödel. Dann erst kamen verschiedene Braten mit vielen Beilagen. Ein richtiger Hausvater hat das gute Fleisch nicht aufgegessen - ja konnte es oft gar nicht, weil es so viel war - sondern für die Kinder daheim in ein sauberes Schnupftuch eingepackt.

Eine besondere Aufgabe bei einem Hochzeitsfest hat auch die Ehrmutter, meist eine Patin der Hochzeiterin: Sie legt das Bschoadtücherl auf, in das die Gäste ihren Beitrag für die erste Kindswäsch legen.

Ein halbwüchsiger Bub hat einmal auf so einer Hochzeit soviel gegessen, daß sein Nachbar nur staunen konnte. Plötzlich fing der Bub zu weinen an, und der Nachbar fragte ihn: "Ja Bua, warum tuast denn blessen?" "Weil i scho satt bin." "So steck dir halt no was ei", sagte da der freundliche Mann - und was bekam er zu hören: "Es geht ja nix mehr nei!" Das war freilich tragisch, denn sonst war die Kost oft schmal und mager, sogar auf großen Bauernhöfen. Es ist als wahr überliefert, daß die Knechte von einem großen Hof einmal einen trockenen "Mehlhaber", der bestimmt noch kein Fett gesehen hatte, in einer Tür einzwickten, um zu prüfen, ob sie ihn vielleicht falsch eingeschätzt hätten - aber nein, es war die lautere Wahrheit - es kam kein Fett heraus!

Auf einer ordentlichen Bauernhochzeit ist ein Ehrvater anwesend. Er sorgt dafür, daß alles seine Richtigkeit hat und die Bräuche eingehalten werden. Eine seiner Hauptaufgaben ist am Abend das Abdanken. Im Namen des Brautpaares dankt er dabei zuerst den Eltern für die Erziehung bis zu diesem Tag, dann allen Hochzeitsgästen für ihr Kommen und für die Geschenke. Die Nächstverwandten und Freunde werden in Versform dabei so bedacht, daß alle im Saal was zum Lachen haben, nur manchmal der Betroffene selbst nicht. Wer da empfindlich ist, ist selber schuld; Raufereien oder Feindschaften hat es deswegen nur selten gegeben. Am besten gelungen aber war eine Hochzeit, wenn sich gleich ein neues Paar gefunden hat. Eine richtige Hochzeit macht wieder eine neue.

Firmung - mit und ohne Weihe

Die Firmung ist ein "guata Tog" für den Firmling und seinen Paten. Die Familie hat weiter nichts zu tun, als die Firmlinge entsprechend zu kleiden. Der Firmgöd "trägt sich an", manchmal schon Jahre vorher.

Diejenigen, die noch keinen Paten hatten, besonders wenn sie arm waren, durften zu einem reichen Bauern gehen und ihn bitten, die Patenschaft zu übernehmen.

Dieser hat die Bitte bestimmt nicht ausgeschlagen, denn es ist eine Ehrenpflicht für den so Angesprochenen. Er macht dem Firmkind und sich einen schönen Tag; jedem bleibt so der Tag der Firmung ein Leben lang unvergessen. Die Buben durften sich eine Uhr erhoffen und bekamen sie auch mit Sicherheit. Die Mädchen wurden entschädigt durch ein Kettchen oder anderes Schmuckstück.

Die Firmung selbst ist auch heute noch in einer größeren Kirche, weil die Kinder aus mehreren Gemeinden auf einmal gefirmt werden. Die Jachenauer müssen deshalb immer nach Benediktbeuern, zu ihrer Stammkirche beim Mutterkloster des Jachentales.

Entweder war der Weg dahin so weit oder so durstigmachend - ein Firmgöd ist jedenfalls schon vor der Firmung ins Wirtshaus eingekehrt und war weder durch Bitten noch durch Tränen zu bewegen, seiner Pflicht als Pate nachzukommen.
So ist ein Jachenauer einmal nicht gefirmt worden und wir können nur hoffen, daß der Wille für's Werk galt.

Bei unserem Jachenauer Pfarrer mußte auch einmal der Wille für's Werk gelten, als er ein neugebautes Haus aussegnen sollte.

Zuerst ging er in den unteren Räumen umher, sprach die Segensgebete, räucherte kräftig und sah mit einem Auge auf dem Tisch eine Schachtel Zigarren und eine Brotzeit stehen!

Da war die Aussegnung schnell beendet, und er steckte sich gleich eine Zigarre an. Auf die Frage der Hausfrau, ob er nicht auch die oberen Räume segnen möchte, sagte er paffend: "Dia Weich ziagt vo selber nauf".

Als ich selbst Firmpatin war bei einer Jachenauer Nichte, konnte ich den ganzen Tag über schon die Mädchen in ihren festlichen Dirndlkleidern bewundern, mit ihren kunstvoll geflochtenen Zöpfen, den Kränzlein im Haar und die Buben in ihren Trachtenanzügen mit "Giletleiberln" (damit sie die neue Taschenuhr auch richtig einhängen konnten), ihren Haferl-schuhen und den neuen samtenen Hüten auf den Köpfen, die sie nur in der Kirche absetzten.

Am Abend dann, als die ganze Gesellschaft im Schützen-haus noch einmal brotzeitete, hat die Feuerwehr den Knirpsen ein paar Maß Bier ausgegeben und dazu noch etliche Zigarren, damit jeder einmal daran ziehen konnte.

Der Filser-Onkel bei Ludwig Thoma hätte es nicht anders gemacht, und bei Karl Valentins "Firmling" hätte es nicht origi-neller aussehen können!

Versehgänge, Grabreden

Es war immer schon sehr wichtig, daß ein Sterbender mit der Letzten Ölung versehen worden ist, um "drüben" gut anzukommen. Heute heißt sie Krankensalbung und hat ihren Schrecken verloren, weil sie auch öfter gespendet wird und nicht nur zur letzten Reise.

Alte und kranke Menschen wurden vom Pfarrer regelmäßig besucht und notfalls versehen. Es konnte aber auch sein, daß er nur bei dem Kranken saß, um mit ihm zu schweigen und einfach dazusein. So saß er auch lange beim Wagnervater und sagte höchstens mal "so - so" und dann beim Verabschieden: "Iiatzt muaßt halt sterba!" Aber das hieß auch, daß der Kranke nur einen Weg geht, den jeder gehen muß und den wir alle noch vor uns haben. Nachdenklich ging unser Pfarrer wieder in Richtung Kirche, als er plötzlich umdrehte, wieder am Bett des Wagnervaters erschien und ihm den Krankensegen gab. Das hatte er vor lauter Sinnieren ganz vergessen.

Oft mußte Pfarrer Conrad weite Wege machen, um zu einem Sterbenden zu gelangen. Ein Marsch von zwei Stunden war nichts Besonderes, ob in das Ost- oder Westende des Tales, wenn ein Verunglückter unter einem Baum lag hoch oben am Berg, was bei der gefährlichen Holzarbeit öfter vorkam. Da hieß es, sich sputen, um noch rechtzeitig dazusein. Aus diesem Grund ging es ihm bei einer Beerdigung einmal zu langsam voran, und er forderte die Ministranten auf: "Schickt's eich - i muaß oin verseha, und der braucht mi noatiger als der da dunt!"

Bei einem Sterbenden zu sein, war ihm sehr wichtig, und kein Weg war ihm da zu weit oder zu beschwerlich.

Über eine vielleicht allzu ängstliche Frau, die ihn zu oft zum Versehen rief, sagte er aber: "Dia stirbt no lang it, dia hot a viereckige Seel'!" Was heißen sollte, daß so eine Seele nicht so leicht entweichen kann.

Anstelle einer Grabrede ist von ihm ein Grabgedicht erhalten, das ein Licht auf seine doch sehr feinsinnige Seele wirft, wie er es sonst nicht leicht hat zugelassen. Der Anlaß war so tragisch, daß er wohl nicht mehr reden konnte, so half er sich mit der Gedichtform:

Seht, hart am Tor des Friedens
sitzt die Totenklag';
Was die, ach nimmerstumme,
uns Arges künden mag?

Vom letzten Kriegesopfer
bringt sie Trauermär'.
Hört, wie die Kunde klinget
klagend, tränenschwer:

Getroffen war zu Tod von
rauher Kriegeshand
ein wackrer Sohn aus schönem
stillen Jachnerland.

Der 'tragen vierzig Monde
Kriegeskreuzeslast,
dem noch gewinkt das Ziel,
hat nimmer es erfaßt.

Ach, daß er sterben mußt,
da Fried geboren ward,
daß Grab und Wieg sich
leidensvoll gepaart!

Konnt kehren nicht der Fried'
ein Stündlein eher ein,
so lebt er noch und zog auch
glücklich wieder heim!

Die Klage schweigt.
Nun weint die Jachen tränenlos.
Ihr letzter Toter sank
in fremder Erde Schoß.

Es schluchzet auf voll Leids
ein greises Elternpaar,
legt stumm die letzte Gab'
auf Vaterlands Altar.

Wie ist der Opfer letztes
schwerstes Opfer doch!
Mag brennen tief die Wunde,
hebt die Herzen hoch!

"Anfang bin ich und Ende",
tönt es erdenfern;
"Das Erste und das Letzte,
es gebührt dem Herrn!"

Friedhofsgeschichten

Die Jachenauer Kirche liegt wie gesagt auf einer Anhöhe und sie liegt inmitten des Friedhofes, wie es auch anderswo ist, aber beides drängt sich auf engstem Raum.

Wahrscheinlich sind deswegen die Grabstellen so schmal und die Grabsteine so schlank und hoch, weil einfach zu wenig Platz da ist.

Es ist ein eindrucksvolles Bild, diese Grabsteine dicht bei dicht stehen zu sehen - wie in einem steinernen Wald. Es wäre schade, wenn sie den heutigen flachen Monumenten weichen müßten. So aber erhebt sich noch der Blick nach oben, wenn man am Grab steht, und das hat doch seinen Sinn!

Daß die Jachenauer Grabsteine auch von hinten noch mit Marmortafeln und Schriften versehen sind, hat sicher auch mit Platzgründen zu tun; ich habe das sonst noch nirgendwo gesehen.

Zu Pfarrer Conrads Zeiten kam einmal eine Kommission und beanstandete, daß die Toten nicht tief genug bestattet seien. Dies war aber bedingt durch den felsigen Untergrund, auf den Kirche und Friedhof errichtet sind. Pfarrer Conrad hat sich anscheinend über soviel Unkenntnis geärgert und der Kommission ins Gesicht geschleudert: "Sie flackat all no dunt - is no koiner davongl'loffa!"

Andererseits aber war einmal ein Ministrant sehr froh, daß die Gruben hier nicht so tief sind.

Es war bei einer Beerdigung im tiefsten Winter; zu dem geöffneten Grab lief nur ein schmaler Weg. Weil die Erd- und Schneehaufen ringsum so hoch und sicher auch vereist waren, fand der Bub keinen Halt mehr und fiel in die Grube auf den eben abgesenkten Sarg. Er wurde mit den Seilen gleich wieder heraufgezogen und hat die Geschichte unbeschadet an Leib und Seele überstanden.

Vor den Toten hatte man sowieso keine Angst, waren sie doch zuhause aufgebahrt gewesen, und außerdem lag Leben und Tod sehr dicht beieinander.

So fand einmal ein Jachenauer Bergsteiger nichts Besonderes daran, die ausgebleichten Knochen eines vor längerer Zeit Verunglückten kurzerhand in seinen Rucksack zu packen und beim Pfarrer abzuliefern. Selbstverständlich wurde der Rucksack auch weiterhin zu Einkauf und Transport der Verpflegung benutzt, wozu er ja eigentlich auch gedacht war.

Wurde ein Mann beerdigt, spielte in den meisten Fällen die Blasmusik. Entweder war er selber ein Mitglied der Blasmusik gewesen, oder er war Veteran aus einem der Kriege, so daß auf jeden Fall geblasen werden mußte.

Nur wenn dies ausnahmsweise nicht der Fall war, mußte wie bei den Frauen der Kirchenchor herhalten. Der Pfarrer fragte einmal am offenen Grab den Mesner und gleichzeitigen Chorleiter: "Habt ihr a Grabliad?"

"Na, is nix zammganga", mußte jener berichten.

"Macht au nix - dann bet ma dera arma Seel a Vaterunser - da hat sie mehr davo, als vo eierm Gsangl!"

Das kann aber nur in der Zeit gewesen sein, wo der eigentliche Chorleiter gerade zum Krieg eingezogen war.

Bei einem Jahrtag ging Pfarrer Conrad in vollem Ornat auf den Friedhof hinaus, um dem Verstorbenen das "Libera" zu singen. Plötzlich war er sich nicht mehr sicher, ob er am richtigen Grab stand, was bei den Namensgleichheiten in der Jachenau sowieso nicht ganz einfach ist, und fragte einen Ministranten:

"Standat mir am rechta Grab?"

Der schüttelte den Kopf und sagte: "Na, Herr Pfarrer, foisch san ma!" Da der Pfarrer aber seinen Stand nicht mehr verändern wollte, sagte er: "Das macht au nix, der Richtige werds scho höra!"

Bei einem ähnlichen Anlaß soll er gesagt haben: "Dia da oba werdats scho auskarta!"

Daß auch heute noch eine Beerdigung keine todernste Sache sein muß, habe ich selber erlebt:

Der langjährige Jachenauer Totengräber und Ehrvater war gestorben. Für mich war es ein einmaliges Erlebnis, daß man den Sarg erst einmal unter den Klängen der Blasmusik um die Kirche herumgetragen hat. Das soll ein Abschiednehmen von der Kirche sein und gleichzeitig formiert sich der Trauerzug, sagte mir der Pfarrer. Zuletzt wurden noch die üblichen Reden gehalten und Kränze niedergelegt, als plötzlich ein respektierlich aussehender älterer Mann ans Grab trat und laut und deutlich sagte: "Lieber Sepp! Du hast uns in Deim Lebn scho so vui Gedichtl gmacht, jetzt hob i dir a oans gmacht!"

Sprachs, und sagte ein ellenlanges Gedicht auf, daß alle Leute schmunzeln mußten. Ähnlich verlief auch der anschließende Leichenschmaus, sicher ganz im Sinne des Verstorbenen!

Weil lange keine Leich war, sagte der Totengräber einmal zum Pfarrer Conrad: "Jetz' is aber scho lang koaner mehr gstorbn". Der meinte verständnisvoll: "Ja, 's Gschäft goht schlecht" - was ein ganz normaler Diskurs war und keiner von den beiden hat sich dabei etwas Böses gedacht.

Fremde in der Jachenau

"Fremd ist elend" sagen die Schwaben. Fremde - das sind Leute, die nicht einheimisch sind. Manche bleiben es ihr Leben lang, auch wenn sie sich ansässig gemacht haben.

Fremde - das sind aber auch solche, die man in Mengen dann unter Fremdenverkehr einreiht und die nach gehabter Sommerfrische wieder in ihre eigenen Reviere zurückkehren.

Letztere waren mehr ein notwendiges Übel, denn die schlechten Zeiten machten es nötig, sie hereinzulassen. Johannes Nar schreibt in seinem Buch sogar von einer Gastgeberpflicht, denn die Berge und die gute Luft seien für alle da.

Das dachte sich wohl auch die Forstamtssekretärin, das Fannerl, und lud ihre Freundin, die Opernsängerin Marianne Schech zu sich ein. Der gefiel es dann so gut, daß nach und nach die ganze Münchner Staatsoper beim Fannerl und deren Mutter zu Gast war. In München ging sogar das Schlagwort von der "Jachenauer Besetzung" um, wenn Fannerls Freunde gemeinsam in der Oper auftraten.

In ihrem Häusl am Setzplatz empfing sie so bekannte Kunstmaler wie Kornbichler und Klettke, die ihr das Haus von innen und außen bemalten oder ihr zum Dank für die Gastfreundschaft Bilder schenkten. Auch der Romanschriftsteller Hans Ernst und Ludwig Schmid-Wildy, der große Volksschauspieler, haben sich in ihrem Gästebuch verewigt. Noch heute zehrt sie von den Erinnerungen.

Auf den Bauernhöfen wurde so mancher "Herrische" in der Guatkammer einquartiert. Johannes Nar ermahnte die Jachenauer, die Städter zwar zu beherbergen, nicht aber ihre Manieren zu übernehmen und sich die eigene Ursprünglichkeit zu bewahren.

Hier waren der Buch-Autor und Pfarrer Conrad - sie verstanden sich sonst nicht so besonders - ausnahmsweise einmal der gleichen Meinung.

Pfarrer Conrad rügte unnachsichtig jede Jachenauerin, die etwas Modisches an Stelle ihrer Tracht oder zu ihrer Tracht trug.

Zur "Pfundin" sagte er einmal, und sie war immerhin eine große Bäuerin: "Pfundare, was hasch'n da für an Deckel auf?" - und es war doch so ein schöner und teurer Hut!

Ein Mädchen wagte es gar, statt Trachtenhut ein rotkariertes Kopftuch zu tragen, da herrschte er sie an: "Bischt a Karraweib?" Oder zu der anderen, die einen Fuchs mit Kopf und Füßen um die Schultern trug: "Was willscht denn mit deam toata Viech!"

In der Kirche trug sie ihn jedenfalls nicht mehr; noch dazu, wo sie in den Spiegel schauen sollte, wie "wiascht" sie damit sei.

Etwas von dieser Erziehung ist auch heute noch spürbar. Zum Sonntagsgottesdienst kommen fast alle in Tracht, wenn auch etwas zeitgemäß gewandelt. Deswegen kann es mit dem Glauben in der Jachenau auch noch nicht so schlecht bestellt sein, wie Pfarrer Conrad einmal sagte: "Wenn d'Tracht nimmar is, goht's au mitm Glauba bergab!"

Die noblen Gäste wollten aber auch unterhalten sein. Es wurden Heimatabende abgehalten, Zither gespielt und das Heimatlied gesungen und vor allen Dingen "geplattelt", wie das Vorführen dieser alten Tänze genannt wird. Keinesfalls aber bringen sie ihre Darbietungen als Spektakel oder zur Gaudi für die eher ungeliebten "Fremdn", sondern weil es vor allen Dingen die bodenständigen Bräuche sind.

Ich war einmal dabei, wie die Jachenauer Burschen einen Schuhplattler aufgeführt haben. Sie kamen aus einem Nebenzimmer - fast zwanzig kernige Mannsbilder - tanzten, stampften und sprangen, wie es seit Alters her "der Brauch ist" und verschwanden anschließend nacheinander wieder in ihrem

Nebenzimmer.

Wie sie es früher mit einem Gast machten, der versehentlich am Stammtisch Platz nahm, soll heute nicht mehr vorkommen: Einer nach dem anderen standen sie auf, um ein gewisses Örtchen aufzusuchen, setzten sich dann aber nicht mehr an den alten Platz, sondern ließen am Tischanfang einrücken. Das machten sie so lange, bis der Fremde am anderen Ende draußen war.

Ja, "fremd ist elend", wie die Schwaben sagen.

Das Lied von der Jachenau.
(von Ferd. Feldigl)

Kennst du Wandersmann die Benediktenwand,
Schaut hinaus wild-mächtig in das flache Land.
Hinter jener Felsenburg so altersgrau,
Liegt die schöne stille Jachenau.

Wo der Walchensee in seinem Dunkel grüßt,
Wo die Jachen silbern durch das Tal hin fließt,
Wo der Staffel steigt auf zum Himmelsblau,
Liegt die schöne stille Jachenau.

Wo das Alpenröslein winkt in dunkler Glut,
Wo der Adlerflaum noch ziert den grünen Hut,
Wo das Mieder schmücket Mägdelein und Frau,
Liegt die schöne stille Jachenau.

Wo zur Arbeit noch die starke Faust sich schwingt,
Wo die kecke Brust die hellsten Jodler singt,
Wo der Spruch noch Geltung hat: „Auf Gott vertrau"
Liegt die schöne stille Jachenau. –

Erkannte und Unerkannte

Sprengen ist eine Sache - Rosenzüchten eine andere. Erstere ließ Pfarrer Conrad später aus Altersgründen sein, um sich umsomehr der anderen zu widmen. Er war schon im Austrag, hatte seine Schäflein einem jüngerem Hirten übergeben und war in sein selbst entworfenes Häuschen, wenige hundert Meter vom Pfarrhof entfernt, gezogen. Die Wetteraufzeichnung war auch hier seine tägliche Arbeit, die Blumen aber waren sein ganzer Stolz.

Er war gerade mit dem Schneiden seiner vielartigen Rosen vor dem Haus beschäftigt, als ein wandermäßig ausgerüsteter Tourist vorbei kam und ihn fragte, wo es denn nach Urfeld gehe. Als resignierter Pfarrer erkannte Joseph Conrad in dem Wanderer jedoch nicht den neuen Bischof von Augsburg. Freundlich erklärte er ihm, wie er gehen und wo er abzweigen müsse, und meinte zusammenfassend noch: "Immer der Nasa nach, es find`t a jeda Ochs vo selber na!"

Der Tourist wars zufrieden und ist auch gut angekommen. Später schickte er dem Pfarrer eine Ansichtskarte von Urfeld: "Habe Weg gefunden! - Bischof Joseph Freundorfer".

Dem Kardinal Döpfner von der Nachbardiözese ist es in der Jachenau umgekehrt ergangen. Als er auf einer Alm Rast von seiner Wanderung machte, fragte er im Laufe der Unterhaltung den Senner: "Wissen Sie, wer ich bin?" "Ja", sagte da der Mann, "der Döpfner halt!"

Der zwischenzeitliche Nachfolger Conrads, Pfarrer Staubwasser, hielt einmal in Fall eine Bergmesse und suchte dafür noch einen Ministranten. Es meldete sich ein großer, schlanker junger Mann und verrichtete ordnungsgemäß seinen Dienst. Der Pfarrer gab ihm dann als Entlohnung ein "Fuchzgerl", fragte ihn aber noch nach Herkunft und Namen.

Mit militärischem Gruß gab dieser Auskunft: "Baudouin, König der Belgier!"

In der Jachenau muß man auf Draht sein - man kann nie wissen, wem man da begegnet. Viele Prominente besuchen und besuchten unerkannt diesen schönen Ort. Es ist schon passiert, daß auf einer Bauernhochzeit plötzlich ein Alt-Bundeskanzler erschienen ist und eine ganze Weile unbemerkt in der Tür stand.

Beichtgeheimnisse

Gebeichtet wurde öfter im Jahr, nicht nur zu Ostern: zum Gewinnen des Portiunkula-Ablasses im August, auch auf Allerseelen, zu Weihnachten und natürlich zu Ostern.

Pfarrer Conrad hat die Sache im Religionsunterricht den Kindern einstudiert mit Probebeichten. Dazu ließ er einen Buben an den Katheder treten: "So, jetz kniest dich her da und sagscht ma deine Sünda!" Selbstverständlich war das eine Generalprobe, doch der Bub sagte seine tatsächlichen Sünden auf!

Zur Osterbeichte kam in der Karwoche jeden Tag eine andere Gruppe dran: die Buben, die Mädchen, die Jungmänner, die Jungfrauen, die verheirateten Männer und zuletzt die verheirateten Frauen.

Da ist der Pfarrer doch einmal nicht rechtzeitig mit dem Beichthören fertig geworden. Die Warteschlange wollte kein Ende nehmen, und es war schon Zeit, um für die Messe herzurichten. Da rief er aus dem Beichtstuhl heraus den wartenden Mädchen zu: "Dia Jungfraua, dia koi Todsünd it hand, könnat zur Kommunion geha!" Ob wohl eine zurückgeblieben ist?

Bei einer anderen Beichtgelegenheit kam einmal ein Fremder zu ihm, den er beim Eintritt ziemlich laut fragte: "Wer bischt'n du?" Dies wurde dann leise geklärt, und er ist nicht "ungebeichtet" davongegangen.

Ein anderes Mal kam ein junges Mädchen: "So da, Lisl, z'erscht muaßt ma d'Schuah binda - na kannscht beichta!" Da war er wohl schon ein bißchen beleibt und konnte sich nicht mehr so gut bücken. Warum sollte er sich nicht auch mal helfen lassen?

An eine Beichte erinnert sich eine alte Bäuerin auch heute noch sehr ungern: Ganz laut hörte man den Pfarrer nach einiger Zeit aus dem Beichtstuhl rufen: "Waas - der Serbe?" Mit hochrotem Kopf verließ die Frau den Beichtstuhl und hatte Mühe, den Vorfall den Leuten zu erklären. Nach ihrer Beichte fragte sie der Pfarrer nämlich noch, wann sie die kaputte Uhr denn nun zum Richten bringe, worauf sie leise antwortete: "Die hat scho der Serb' g'richt!" (Der "Serb" war ein Kriegsgefangener). Der Pfarrer bedachte natürlich nicht, was die Umstehenden für Schlüsse aus seinem empörten Ausspruch ziehen konnten, er dachte nur an die Uhr.

Auch ein anderes Mal konnte die gut hörbare Frage des Beichtvaters: "Na, mit weam nacha?" aufgeklärt werden.

Für eine weitere Bäuerin kam es dann noch schlimmer. Sie hatte einem dubiosen Viehhändler ein Stück Vieh verkauft und dafür einen ungedeckten Scheck erhalten. Der Pfarrer, dem als Rechner der Raiffeisenkasse in dieser Hinsicht nichts entging, fragte nach dem Beichten die Bäuerin ganz laut: "Was hascht denn da für an Sauhamml derwischt?" Daß der armen Frau dies recht peinlich war, konnte man ihr ansehen; aber mittlerweile kannte man ja die Eigenheiten des Pfarrers und freute sich insgeheim schon auf die Aufklärung des Falles.

In der Osterbeichtzeit kamen auch immer Franziskanerpater aus Bad Tölz zum Aushelfen. Doch zumindest die Männer zogen ihren Pfarrer vor, weil der geringere Bußen aufgab.

Trotzdem hat sich einmal ein hartgesottener Sünder nicht zu ihm in den Beichtstuhl getraut und lieber einen Beichtzettel ausgeliehen, um der zu erwartenden Strafpredigt zu entgehen. Es hat ihm aber nichts genützt, denn gelegentlich eines Besuches bei einem Hellseher hat dieser ihm den kleinen Betrug auf den Kopf zugesagt. Die Frau des "Betrügers" hat es zu allem Überfluß auch noch mitgekriegt - da bekam er eine viel schlimmere Strafpredigt zu hören, als es sie je bei Pfarrer Conrad gegeben hätte.

Ein bißchen hellsehen, abbeten, handauflegen oder blutstillen ist auch heute noch "drin". Die Gebirgler können es mit ihrem christlichen Glauben durchaus vereinbaren, zumal die Grenzen zum Aberglauben oft fließend sind. Es sind wohl Überbleibsel aus schlechten Zeiten. Wie viele geheimnisvolle und unerklärliche Dinge aber sind nur durch den Glauben und nicht durch Vernunft und Wissen erfaßbar.

Wildern und Kammerfensterln

Das Gemeindegebiet der Jachenau besteht zu fünf Sechstel aus Wald. Die Bauern hatten früher nur das Nutzungsrecht in diesen staatseigenen Wäldern. Die Größe dieser Rechte stammte aber noch aus Klosterzeiten. Seit dem "denk- und bedauernswürdigen Jahr 1803, dem Jahr der Säkularisation sämtlicher Klöster im Churfürstentum Bayern". Wie Pfarrer Lindermayr schreibt, waren auch die Jachenauer Bauern Untertanen des Staates und somit oft der Willkür übereifriger Forstbeamten und Holzaufseher ausgeliefert. Trotzdem waren und sind sie im Vergleich zu den Flachlandbauern sehr holzreich.

Ich konnte einmal zufällig mithören, wie ein Jachenauer Mädchen beim Ausfüllen des Fragebogens für die Winterschule nach der Größe des Waldes gefragt wurde: "Ach - net viel, nur 300 Tagwerk", erklärte sie bescheiden.

Die Jachenauer, wie auch andere, früher dem Kloster Benediktbeuern unterstellte Holzbauern hatten also das Holznutzungsrecht, das Jagdgdrecht aber hatten nur die Forstbeamten und staatlichen Jäger. Diese waren bedacht auf einen stattlichen, trophäenreichen Wildbestand, besonders für die zahlungskräftigen Jagdgäste. Die Wildschäden in Wald und Wiesen aber mußten die Bauern ausbessern und aushalten.

Das war auch einer der Gründe, warum gerade die Jachenau einmal recht bekannt war als Wilderernest. Das Wildpret besserte den oft recht kargen Speiseplan auf, und somit hatte man die zahlreichen "Wuidn", wie das Wild genannt wurde, nicht nur für andere gemästet. Wilderer galten im ganzen Oberland als schneidige Burschen, auch wenn ihre finstere Tätigkeit rechtswidrig und sehr gefährlich war.

Daß ein Schütze einmal ein Geschäft aus der Wilderei gemacht und das Wildpret in der Nachkriegszeit an die Amerikaner verkauft hat, ging natürlich zu weit. Er ist auch bestraft worden, konnte aber später doch noch Jäger werden.

Wenn unser Pfarrer übers Wildern predigte, war für ihn das die größere Sünd, wenn die Leute das Wildpret kochten, statt es zu braten! Natürlich hat er das Wildern damit aber nicht grundsätzlich gutgeheißen!

Auch in der Jachenau ist es vorgekommen, daß ein Zusammentreffen tödlich ausgegangen ist für Jäger oder Wilderer. Das Urteil der Bevölkerung war dabei nicht immer gerecht, obwohl die Jäger durchwegs eben nur ihre Pflicht erfüllten. Zu angespannt war das Verhältnis zwischen der bäuerlichen Bevölkerung und den staatlichen Forststellen. Die Förster ließen ihre Ohnmacht gegen die ständigen Wilddiebereien die Bauern wieder fühlen, wenn sie ihnen jeden Stamm einzeln auszeichneten, der gefällt werden durfte. Aber auch die Bauern wußten Tricks, wie man ungestraft nachbessern konnte, und so "tratzte" man sich, wann immer sich eine Gelegenheit bot.

Selbstverständlich war das Auskommen miteinander nicht nur schlecht. Manche Forstmeister und Förster verstanden es, das Vertrauen der Holzberechtigten zu gewinnen - zum Nutzen beider Seiten! So sagte einmal ein Forstmeister zu einen Bauernsohn, den er mit einem Gewehr unter der Joppe erwischte, nur: "A Hack tät dir a bessa anstehn", und dieser wurde nicht mehr in unerlaubten Revieren gesehen.

Bei einer unglücklichen Schießerei in einem Jagdrevier ist einmal ein Großbauer ums Leben gekommen. Die Leute waren maßlos aufgebracht, und man hat von einer großen "Sauerei" gesprochen. Dem Jäger wurde gerichtlicherseits Notwehr zuerkannt, und er ist freigesprochen worden, aber die Regierung von Bayern hat damals vorsichtshalber das ganze Forstamtspersonal ausgewechselt.

Beim "Kammerfensterln" war es zum Glück nicht so

gefährlich, doch wie beim Wildern durfte man sich nicht erwischen lassen. Besonders für den Ruf sittsamer Madln war es nicht förderlich, wenn zu oft Burschen an ihrem Kammerfenster gehört oder Leitern gesehen wurden. Es ist viel Schabernack getrieben worden, wenn so eine richtige "Buamanacht" war.

Aus reinem Spaß hat ein junger Bursch einmal an einem Sonntagnachmittag die Leiter beim Nachbarsmädchen ans Fenster gelehnt und praktisch unter den Augen der Mutter das Aufsteigen versucht! Das ging natürlich nicht und das Gezeter der Mutter war ihm eine Lehre, daß Kammerfensterln doch eine ernste und heimliche Sache sein soll.

Wie groß muß die Enttäuschung für einen Holzknecht gewesen sein, der nachts einmal gut vier Stunden von seinem Holzerkobel bei Fall bis zu einer Alm unter der Benediktenwand gegangen war und dann feststellen mußte, daß schon ein anderer bei der Sennerin am Kammerfenster war. "Na geh ich halt wieda hoam!" meinte er, hat den Rivalen nicht von der Leiter geschossen - wie es schon einmal vorgekommen ist- und ging die gleiche Strecke wieder zurück. Und das war ja der "nächste Weg", wie man bei uns sagt.

Der Pfarrer, nach seiner Ansicht zum Thema Liebe befragt, erklärte einem jungen Burschen: "Bussiera derfscht scho, aber es darf it z'lang daura!"

Schlechte Zeiten

Die Jachenauer lebten alle irgendwie vom Holz. Entweder waren sie selber Holzbauern, oder sie waren Holzarbeiter und Flößer. Früher sorgte in Not- und Unglückszeiten das Kloster auch für seine Untertanen im Tal Nazareth, wie der Ausspruch belegt: "Unter dem Krummstab war es gut wohnen." Nur die großzügige Ausstattung mit Waldungen und Nutzungsrechten bewahrte die Jachenauer später zu Staatszeiten vor Hunger und Verderben. Der Verkaufspreis für das Holz und der Einkaufspreis für Weizen bestimmten den Lebensstandard.

Nach dem 1. Weltkrieg gingen die Holzpreise derart herunter, daß in der Jachenau bald bitterer Mangel am Notwendigsten herrschte. Diese schlechten Jahre bezeichnet Pfarrer Conrad in seiner Pfarrchronik als "Dotschenjahre", weil sich die Menschen von solchen Rüben ernähren mußten.

Pfarrer Conrad erkannte die Wichtigkeit des neu gegründeten Spar- und Darlehnsvereins und stellte sich als Rechner zur Verfügung. Auch als später daraus die Raiffeisenkasse entstand, blieb er ihr als Rechner treu.

Büro war damals keines vorhanden. Also wickelte er alle Geschäfte im Pfarrhaus ab und wachte künftighin über die Sparbücher der Jachenauer. Wenn eine Frau zu oft zum Geldholen kam, maßregelte er sie: "Waas, brauchscht scho me a Geld? Warscht doch erscht letzschte Wocha da!"

Oder ein anderes Mal, als ein junges Mädchen - die Mesner Lisl - zwanzig Mark abheben wollte, fragte er sie: "Zu was brauchscht dös Geld?" "I möcht mir Schuah kaffn".

Da wollte er sich doch selbst überzeugen, ob das notwendig sei und ließ sich ihre alten Schuhe zeigen. "Dia ka ma scho no bsohla" stellte er fest und gab der Lisl ein Paar getragene Schuhe von seiner Köchin Helene mit; ihre behielt er da zum "Sohla", Geld aber bekam sie keines.

Die schlechten Zeiten waren in der Jachenau besonders schlimm, weil man nicht unmittelbar vom Holz leben konnte. Das Holz hatte keinen Preis mehr, die Viehzucht konnte nur mit mäßigem Erfolg betrieben werden, der Anbau von Roggen, Gerste und Flachs geriet nur in guten Sommern und wurde später ganz aufgegeben. So mußte fast das ganze Mehl zum Brotbacken und zum Kochen der Mehlspeisen gekauft werden. Selbst für den Anbau von Kartoffeln war das Klima oft zu rauh und der Sommer zu kurz.

Diese schlechten Zeiten brachten es wohl auch mit sich, daß sich einige Jachenauer der neu aufkommenden braunen Bewegung anschlossen. Allzu Eifrige wurden vom Volksmund bald "Bewegungssimmerl" und "Parteihansl" genannt und damit abgestempelt.

Dann kamen die "Maulkorbzeiten", wie Pfarrer Conrad in seinen Aufzeichnungen die nationalsozialistische Zeit umschreibt.

Er selbst war allerdings gezwungen, in seiner Eigenschaft als Rechner der Raiffeisenkasse die Beiträge für das Winterhilfswerk einzukassieren und an die Gauleitung nach Bad Tölz abzuführen. Nur was er am Ort z.B. für evakuierte Frauen und Kinder ausgeben konnte, brauchte nicht weitergeleitet zu werden, wovon er nach Möglichkeit Gebrauch machte.

Sonst hatte er mit den "Braunen" nichts am Hut; im Gegenteil, er wünschte ihnen, daß sie "au a Leida und a Kreuzigung mitmacha miaßat, und dia Auferstehung tät ma ihna schenka!"

Als bei einem Sturm die befohlenen Hakenkreuzfahnen davongeflogen sind, sagte er hintergründig: "iatz hot dia Braune da Wind verwaht!" Solche Äußerungen waren schon beinahe gefährlich - aber Pfarrer Conrad paßte auf, zu wem er so etwas sagte.

Bei einem Stuhlfest mußte er damals auch einmal fragen, ob Geisteskrankheiten in der Familie vorgekommen wären. Zur Beruhigung des Brautpaares hatte er diesen Rahmen aber ganz weit gesetzt: "A weanig spinna tuat jeda amol!"

Auf seinem Dachboden baute Pfarrer Conrad in mühseliger Kleinarbeit eine komplette Abhörstation und lauschte den verbotenen Feindsendern. Seine Sprachkenntnisse kamen ihm dabei zugute. Die beiden Dackel wurden während der Abhöraktionen in den Garten gelassen, um mit Gekläff jeden zu melden, der eventuell ums Haus schlich. Pfarrer Conrad war also immer bestens informiert und ließ sich nichts vormachen.

In den letzten Tagen dieser schlimmen Zeit sind noch zwei Frauen ums Leben gekommen, als sie den Amerikanern entgegengingen. Sie konnten englisch und wollten für die Jachenau vermitteln. Kaltblütig wurden sie von SS-Leuten erschossen, die sich in den Bergen versteckt gehalten hatten.

Aber dann war dieser Spuk vorbei, und Pfarrer Conrad schaffte es, in den Jahren zwischen Kriegsende und Währungsreform sein Rokokokirchlein zu restaurieren!

Er tat es mit soviel Sachverstand und Liebe, daß die Jachenauer Kirche wieder ein Schmuckkästlein wurde.

Reiche Zeiten

Eigentlich wollte Pfarrer Conrad nicht länger als zwölf Jahre in der Jachenau bleiben, weil er es in seiner vorherigen Gemeinde auch so gehalten hatte. Aber ganz unbeabsichtigt hatte er Wurzeln geschlagen und sagte nach der Feier seines silbernen Priesterjubiläums, die ihm sehr zu Herzen ging: "Iatz bleib i alls ganz da!"

Das tat er dann auch, durfte das goldene Priesterjubiläum in der Jachenau feiern, das diamantene und sogar noch das eiserne! Mit päpstlicher Dispens hat er in seinen letzten Lebensjahren in seinem Häuschen Messe gelesen und seine treue Köchin zum Ministrieren abgerichtet, was wieder einmal seine liberale Gesinnung deutlich machte. Es war ja kein Bub in der Nähe, aber ein Ministrant damals bei der Messe noch vorgeschrieben. Erst heute ist es offiziell erlaubt, daß weibliche Wesen am Altar Dienst tun, und es wird von manchen Pfarrern trotzdem noch nicht gern gesehen!

Das geschah dann schon in seinem Austragshäusl, das ihm die Jachenauer nach seinen Wünschen bauten, denn er wollte nicht bei seinem Nachfolger im großen Pfarrhaus leben. Mit Rücksicht auf den neuen Pfarrer sah er es ganz realistisch: "Dös hat no nia guat tan, wenn zwoi Göckel auf oim Mischthaufa scherra!"

Auch Oekumene war für ihn kein Fremdwort. Als der evangelische Pastor, der für die in die Jachenau verschlagenen protestantischen Flüchtlinge Gottesdienst halten wollte, nur an den Nebenaltar ging, fragte Pfarrer Conrad: "Warum gohscht an Neabaaltar?" "Ja, weil es die katholische Kirche doch nicht anders erlaubt", gab ihm der Pastor zur Antwort. "Schmarra", sagte unser Pfarrer und führte ihn zum Hauptaltar.

Er durfte es noch erleben, daß nach all den schlechten

Zeiten, die er mit den Jachenauern zusammen erlebt und erlitten hatte, endlich wieder Besserung einkehrte. Der Pfarrer widmete sich seiner Zugvögelstation und seinen Wetteraufzeichnungen, wachte über den Stammbaum seiner Dackel und ließ in den weltlichen Dingen den Herrgott einen guten Mann sein, wie man bei uns sagt.

Das Sehvermögen und das Gehör haben naturgemäß nachgelassen, und er wurde, wie es den Menschen in so einem Alter zusteht, auch etwas sonderlich und eigensinnig. Sein Geist und Verstand aber sind klar geblieben bis zuletzt.

Am 27.11.64 ist er gestorben und sogar als erster Priester in der Jachenau begraben worden.

Bei seinem Begräbnis hat der Friedhof die Menschen kaum fassen können, die den "Conrad", wie er meistens nur bezeichnet wurde, heimbegleiten wollten. Dabei ist noch etwas Tragisches passiert:

Monsignore Nar, der gebürtige Jachenauer, der mit Pfarrer Conrad manche Neckerei ausgetragen hatte, ist auf dem Weg zu dessen Beerdigung tödlich verunglückt! Er hatte ihm in seiner neuen Würde als Prälat die letzte Ehre erweisen wollen - aber es kam nicht mehr dazu!

Nun liegen sie nebeneinander im Priestergrab, und müssen es für alle Zeiten miteinander aushalten!

Als Pfarrer Conrad noch schwerkrank ins Tölzer Krankenhaus gebracht wurde und die Ärzte ihn mit Injektionen und Infusionen traktieren wollten, sagte er in seiner bezeichnenden Art: "Nix da - gstorba wird!"

Und bis heute sind ihm noch keine Brennesseln ins Maul gewachsen, wie er es einmal selber befürchtet hatte! Das ist auch gar nicht möglich, denn das Priestergrab wird heute
- und bestimmt auch in Zukunft - liebevoll gepflegt!

Kaspar Kohlhauf

Nachwort eines Jachenauers

Joseph Conrad war gerne Pfarrer in der Jachenau, und die Jachenauer hatten ihren Pfarrer gern - bei seinem goldenen Priesterjubiläum 1949 ernannten sie ihn deshalb zum Ehrenbürger. Auch wenn er für einen technischen Beruf gut geeignet gewesen wäre, ich glaube, er war auch ein guter Priester und Seelsorger. Eine eigene Familie fehlte ihm nicht, er war für alle da. Und daß er eine Ehefrau nicht vermißte, betonte er öfter; das brauchte es auch nicht, denn er hatte eine brave und herzensgute Haushälterin, die ihn zeitlebens als "der Herr" bezeichnete und auch so behandelte.

Es gäbe noch manches zu erzählen von dem Original Pfarrer Conrad, viele Aussprüche von ihm sind noch in guter Erinnerung. Auch wenn einiges für heutige Begriffe etwas derb anmutet: die Betroffenen selbst haben ihn damals genau verstanden und wohl keiner war jemals beleidigt. Er war ein grober Klotz, aber aus allerbestem Holz!

Der oberste und allmächtige Dienstherr hat ihm einen Platz zugewiesen und da braucht's nichts mehr zu trösten, sorgen, flicken, reparieren, sprengen oder verbinden. Die Zeit ist anders geworden, die Menschen sind anders als zur damaligen Zeit, vieles ist besser, manches ist schlechter geworden.

Die Originalität jedes Menschen aber ist einmalig und unwiederbringlich!

Der Spruch auf seinem Sterbebild drückt es so aus:

> Was wir bergen in den Särgen
> ist der Erde Kleid.
> Was wir lieben, ist geblieben,
> bleibt in Ewigkeit!"

Index

Abpelzte:	Abkömmlinge! Ein aufgepfropftes Reis, das angewachsen ist, wird "abgepelzt", also von dem schützenden Werg, das aussieht wie ein Pelz, befreit.
Ant:	fremd, schmerzlich.
Antleß:	Fronleichnam, auch Gründonnerstag (am Gründonnerstag wurden die öffentlichen Büßer aus ihrer Buße entlassen), der Gründonnerstag hieß auch "Antleßpfinzta", Pfinzta, alter Name für Donnerstag.
Antleßbutter:	"Der" Antleßbutter (Butter ist im bayerischen Sprachgebrauch männlich) ist eine Abgabe an den Pfarrer; je mehr Butter, desto fetter war die "Pfründe", auf der ein Pfarrer saß. Von Pfarrer Albert nicht mehr weiter beibehalten, sondern durch eine einmalige Zahlung der Bauern an die Pfarrei abgelöst worden.
Auskarta:	Auskarten, mit Spielkarten entscheiden.
Austrag:	Ausgeding; Bauer und Bäuerin übergeben den Hof und regeln vertraglich, was ihnen zusteht, bedingen sich etwas aus, z.B. Wohnrecht und Naturalien.
Badestubn:	Badestube. Ein separat gebautes Häuschen, diente zum Waschen von Körper und Kleidung. Es wurde auch zum Schlachten benutzt, in einigen Fällen sogar zum Schule halten.

72

Beichtzettel:	Andachtsbildchen mit dem Aufdruck "Oster-beichte" und der entsprechenden Jahres-zahl;diente als Nachweis für die abgelegte Beichte.
Blessen:	Weinen.
Buamanacht:	Bubennacht. Laue, mondhelle Nacht, die sogar liebestoll machen kann!
Bussiera:	Poussieren, küssen.
Dirn:	Magd.
Dotschenjahre:	Hungerzeit, in der Dotschen gegessen wur-den - eine Futterrübenart.
Ehrmutter:	Ehrenamt bei der Hochzeitsfeier, meistens die Taufpatin.
Ehrvater:	Auch "Ehvater"; vom Brautpaar beauftragter Zeremonienmeister bei der Hochzeit.
Enklave:	Gebietsausschluß. Insel eines anderen Staa-tes im eigenen Land - hier Insel einer ande-ren Diözese.
Etymologisch:	Sprachkundlerisch.
Feiertagsschüler:	Feiertagsschule: Allgemeine Berufschule an Sonntagen, weil die Kinder an Werktagen arbeiten mußten.
Flackat:	(Bayer.: flacken) liegen.
Fuchzgerl:	Fünfzigpfennigstück.
Gatter:	Breites, aus Stangen gefertigtes Tor im Zaun, nach einer Seite zu öffnen.
Giletleiberln:	Ärmellose Trachtenweste, unter der Joppe getragen.
Glump:	Gelumpe, wertloses Zeug.
Godl:	Patin.
Göd:	Pate.

Gselchtes:	Geräuchertes, vorher eingepökeltes Schweinefleisch.
Guata Tog:	Feiertag, hier rein krichlicher Feiertag, speziell: Firmungstag!
Guatkammer:	Gute Kammer. Schönster Raum im Obergeschoß, in dem meist nur die Aussteuer untergebracht war.
Hack:	Axt.
Häfen:	Mehrzahl von Hafen, Topf.
Herrische:	Noble Herren (und Damen), Sommergäste.
Hoibe Zwoife:	Halb Zwölf (Uhr).
Holzer:	Holzarbeiter.
Holzerkobel:	Aus Stangen und Rinden selbstgefertigte Hütte des Holzers, s.o.
Jachnastoiz:	Jachenauer Stolz.
jachnerisch:	Für Fremde meist unverständlich.
Jahrtag:	Jährliche Gedenkfeier einer Beerdigung.
Installieren:	Hier offizielle Einführung eines Pfarrers in sein neues Amt und in die neue Gemeinde.
Joppe:	Trachtenjacke, meist aus Loden.
Libera:	Anfangswort von "Befreie mich, Herr, Teil des kirchlichen Grabgesanges.
Kindswäsch:	Säuglingswäsche.
Kuchl:	Küche.
Liturge:	Gestalter des Gottesdienstes nach kirchlichen Vorschriften.
Lüftlmalereien:	Fresken an den Hauswänden.
Mehlhaber:	Einfache Speise aus Mehl und Topfen in körniger Form (ähnlich wie Haferkörner), in möglichst wenig Schmalz ausgebacken.
Morgengab:	Frühstück für Hochzeitsgäste vor der Trauung.
Ökumene:	Gesamtheit der Christen.

Parasol:	Wörtlich: gegen die Sonne. In der Jachenau aber: Regenschirm.
Orkus:	Unterwelt, hier Mistgrube.
Portiunkula-Ablaß:	Ablaß, der am 1.Sonntag im August zu gewinnen ist, benannt nach der Portiunkula-kapelle bei Assisi.
Pressack:	Schweinswurst aus Blut und Speck, in Magenhaut gefüllt.
Reserv:	(Reserve), Wasserspeicher.
Resignierter:	Resignieren, (auf ein Amt) verzichten, abdanken.
Sachl oder Sachä:	kleines "Sach" = kleines Anwesen.
Sagler:	Sägewerksarbeiter (ausgesprochen mit hellem "a" wie "Radler").
Samten:	Aus Samt, samtweicher Filzstoff.
Schäffler:	Holztröge-, -fässer, -behältermacher.
Schattseitenhöfe:	Bauernhöfe an der Schattenseite. Sie liegen nahe am "Staffel", dem Hausberg der Jachenau, und bei Tiefstand der Sonne wochenlang im Schatten.
Schloapf:	Baumschlitten.
Schorsch:	Bayer.: Georg
Schupfn:	Schuppen, für Geräte und Brennholz.
Setzplatz:	Ortsteil von Jachenau. Platz, an dem im Bach angedriftete Baumstämme abgesetzt, aufgerichtet wurden.
Söldner:	Kleinbauer. Bewirtschaftete einen Achtel- bis Zweiunddreißigstelhof", war auf Lohnarbeiten im Forst und bei Bauern angewiesen.
Staffeln:	Stufen.
Tagwerk:	Ein Drittel Hektar = 3333 Quadratmeter
Traktieren:	Quälen, belästigen, schinden.
Tratzen:	Ärgern, foppen.

Transponieren:	Ein Musikstück in eine andere Tonart über-tragen.
Untataler:	Untertaler. Die Bewohner der unteren, östlichen Talhälfte.
Vehement:	Mit Nachdruck, kräftig.
Vorhölle:	Weder Himmel noch Hölle. Platz für ver-storbene, ungetaufte Kinder in der Ewigkeit.
Vorzeichen:	Vorraum der Kirche.
Weichbrunnausteilen:	
	Weihwasser-Austeilen:
Wiascht:	Wüst, häßlich.
Wiesmahd-Leiten:	Wiesmahd (karge Bergwiese), die nur ein mal gemäht werden kann.
Wildpret:	Wildfleisch vom Haarwild.
Winterschule:	Landwirtschaftlicher Fachkurs in der arbeitsärmeren Zeit.

Geschichten und Gedichte rund um's weltliche und kirchliche Jahr

Lisl Martin - Schwaiger

Mord und Totschlag

Zwischen Neujahr und Dreikönig war es früher Brauch, daß man in die Häuser ging, um die Krippen zu besichtigen. Leute mit einer viel gerühmten Krippe mußten damit rechnen, daß ständig Besucher kamen, um sie anzuschauen. Wenn dann noch ein Lebkuchen für die Bewunderer abfiel, wurde der Kreis derselben immer größer.

Mein Vater war selbst ein anerkannter Krippenbauer, nahm mich auch mit, wenn er Wacholder und Moos für seine Krippe holte und tat einmal ein Übriges, indem er mir die Krippe in der Bad Tölzer Franziskanerkirche zeigen wollte. Auf der Landstraße sind es 11 Kilometer, aber wir nahmen eine Abkürzung durch den Wald und hatten einen Schlitten dabei, um die abschüssigen Stellen fahren zu können. Der Weg war jedoch lang und die Unterhaltung zwischen uns beiden wollte nicht so recht in Gang kommen. Da fing ich an, meinem Vater die Nibelungensage zu erzählen, die ich gerade selber las oder für die Schule lernen mußte. Eine Weile hörte mein Vater schweigend zu, räusperte sich höchstens einmal. Aber als die Szene kam mit Krimhild, die ihre Feinde zu sich nach Ungarn an den Hof von König Etzel geladen hatte, um sie dort alle ermorden zu lassen, gebot mein Vater Einhalt, indem er sagte: "Glei' bist still - lauter Mord und Totschlag!"

Recht einsilbig, ja, man kann sagen stumm, verlief daraufhin die weitere Krippenfahrt. Mir fiel nichts ein, womit ich die Scharte wieder auswetzen konnte. Bis mir dann die Krippe selber zu Hilfe kam. Wir standen nach erschöpfendem Wandern, durch den Schnee stapfen, Schlittenziehen und -fahren endlich in der Franziskanerkirche, wo eine Jahreskrippe aufgebaut war.

Und was sahen wir da? Nicht nur das friedliche, heilige Paar mit dem göttlichen Kind, sondern im Hintergrund, vor der malerischen Kulisse einer orientalischen Stadt - den bethlehemitischen Kindermord! Mütter versuchten, den Soldaten die Kinder wieder zu entreißen oder vor ihnen zu schützen, und einige der Kinder lagen wohl schon tot am Boden. Da sagte mein Vater, da sei auch Mord und Totschlag, und wir würden wieder heimgehen.

An dieser Stelle muß ihm aber ein Engel erschienen sein, der ihm wie den heiligen drei Königen - die komischerweise immer noch vor der Krippe knieten, obwohl der Herodes doch schon die Kinder umbringen ließ - sagte, er solle auf einem anderen leichteren Weg wieder nach Hause gehen. Ich glaube, er flüsterte ihm sogar ein, er solle heimfahren, denn wir nahmen den Bus und stellten den Schlitten hinten in den dafür vorgesehenen Kasten. Leider weiß ich von dieser Fahrt nichts mehr, denn nach kurzer Zeit war ich eingeschlafen und bin erst zu Hause in Königsdorf wieder aufgewacht.

Das Lichtmeßgeschenk

Das Fest Mariä Lichtmeß wird am 2. Februar gefeiert und war früher ein Bauernfeiertag. Der Name sagt eigentlich nur aus, daß eine Lichtermesse gehalten wird. Das kirchliche Fest geht aber zurück auf die Darstellung Jesu im Tempel, wo der greise Seher Simeon den kleinen Jesus als das Licht der Welt gepriesen hat.

Von vielen Menschen wird das Fest als echter Lichtblick empfunden, denn der Tag ist wieder länger, nämlich "um a ganze Stund", wie es in einer alten Bauernregel heißt. Daß es in frühchristlicher Zeit hauptsächlich den Zweck hatte, ein heidnisches Lichterfest zu verdrängen, stört heute niemanden mehr. Wir atmen alle auf, weil die Kraft des Winters gebrochen ist, und tragen gerne die Kerzen, die im Laufe des Jahres gebraucht werden, zur Weihe in die Kirche. Manchmal ist es ein ganzer Korb voll: Kerzen für den Notfall - wenn der Strom weg ist, Schmuckkerzen, schwarze Wetterkerzen, die man während des Gewitters zum Beten anzündet, und vor allem Wachsstöcke. Diese wurden früher gebraucht, um sich während des Engelamtes - der Roratemesse - die Hände etwas anzuwärmen und um im Gebetbuch lesen zu können.

Das waren aber nur die einfachen Wachsstöcke, die zum täglichen Gebrauch. Doch auch die schön und kunstvoll geschmückten Wachsstöcke wurden zur Weihe getragen, obwohl sie nur zum Anschauen im "Glaskasten" bestimmt waren. Die Frage war nur, in wessen Glaskasten so ein Wachsstock kam, denn er diente als "Draufgeld" und als "Vergeltsgott" für die Eh'halten, die am Lichtmeßtag ihren Jahreslohn bekamen. Da war es schon interessant, wer den schönsten erhielt, und ein bißchen Neid und Eifersucht waren manchmal auch dabei. Die Eh'halten waren zwar die Dienstboten, sind im bäuerlichen Bereich aber so unbedingt notwendig gewesen, daß sie auch gleichzeitig Familienmitglieder waren. Sie "hielten die Ehe zusammen", obwohl das Wort "ehalto" in ältester Zeit wohl Gottesdiener bedeutete. Ohne sie hätte der Bauer den Hof nicht umtreiben können und wäre "vergantet".

Andererseits konnte am Lichtmeßtag ein Dienstbote ohne Kündigung und Kündigungsfrist seine Stelle wechseln oder "schlanggeln". Es konnte also sein, daß die Dienstboten ein paar Tage nichts taten, sondern mit den Händen nur schlenkerten - ein paar Tage Urlaub machen, wie man heute sagt.

In manchen Orten gab es richtige Dienstbotenmärkte, aber ein pfiffiger Knecht oder eine gewitzte Magd hatten sicher schon vor dem Lichtmeßtag Verbindungen geknüpft. Und auch der Bauer fragte vorher schon mal, wie er denn dran sei. Mein Vater hatte den Lichtmeßtag einmal benutzt, um seinen Ehefrieden wieder herzustellen. Es gab nämlich ein Zerwürfnis, und es war "stille Messe". Die Mutter hatte rotgeweinte Augen, der Vater arbeitete hauptsächlich draußen, saß schweigend am Mittagstisch, und wir Kinder waren ganz verstört. Da kam unserem Vater eine Idee! Er kaufte einen besonders schönen Wachsstock, wickelte ihn in Seidenpapier, überreichte ihn unserer Mutter, rang nach Worten (er wollte wohl sagen, daß es ihm leid tue, daß sie wieder gut sein solle und er sie doch liebe), aber er sagte nur: "Bleibscht no a Jahr?" Da mußte sie doch ein bißchen lachen und gleichzeitig ein paar Tränen zerdrücken, dann war alles wieder gut. Aber was wäre passiert, wenn wir nicht gerade Lichtmeß gehabt hätten?

Vor lauter Erleichterung beteten wir Kinder an diesem Lichtmeßtag gerne unser Gesetzchen vom Rosenkranz, zu dem wir feierlich die zehn dünnen Lichtmeßkerzen auf ein Brettchen klebten. Unsere Mutter kniete bei uns und ab und zu zischte eine Flamme kurz auf, wenn noch eine vereinzelte Träne herunterfiel.

Die Fastensuppe

Bei fast allen Religionen ist die teilweise Enthaltung von Spei-
sen gebräuchlich, oder - beim Abstinenzfasten - die Enthaltung
von Fleisch. Seit dem 2. Vatikanischen Konzil kann der katholische Christ auch "ersatzfasten", d.h., sich eines anderen
Genusses enthalten, was nicht unbedingt das Fleisch sein
muß, es gäbe da auch weitere Möglichkeiten.

Als ich zum Beispiel meine Fastensuppe essen mußte, war
das Konzil noch nicht geboren, und am Aschermittwoch und
Karfreitag gab es Bohnensuppe aus passierten Feuerbohnen-
kernen mit einem einsamen Semmelknödel für jeden.
Obgleich die ganze Familie protestierte, ließ sich die Mutter
nicht erweichen. Im Gegenteil, sie weichte die getrockneten
Bohnen für die ungeliebte Suppe ein, denn nur so konnte
man ihrer Ansicht nach fasten: wenn man nämlich etwas aß,
was einem nicht schmeckte. Der Vater meinte zwar, daß das
Fastenopfer noch größer sei, wenn man von etwas Gutem nur
wenig essen würde - z.B. von Fischfilet und Kartoffelsalat - ,
aber das war ihr zu kompliziert.

Im Frühsommer wurden die Bohnen gelegt und an Stangen
bis zu unserem Balkon hochgezogen, so daß eine wun-
derschöne Laube entstand. Man konnte dahinter herrlich spielen, den Schatten genießen, oder auch die Leute beobachten,
die auf der Straße vorbeigingen. Auch die roten Blüten sahen
hübsch aus - dagegen konnte man nichts sagen - aber unwei-
gerlich entstanden daraus Feuerbohnen! In jungem und
grünem Zustand waren sie vielleicht noch zu ertragen, am
besten sauer angemacht als Salat - und das war überhaupt die
Lösung!

Die ganze Familie beschloß hinter dem Rücken der Mutter,
in diesem Jahr die Bohnen grün aufzuessen und nicht eine
Bohne ausreifen zu lassen. Es gab Bohnensalat zum Mittages-

sen, es gab Bohnensalat zur Brotzeit - wir waren die reinsten Bohnenfanatiker. Aber die Stangenbohnen trugen und trugen - es war ein seltenes Bohnenjahr. Wir überredeten unsere Mutter sogar dazu, noch Bohnen einzuwecken, weil wir sie doch so gerne essen würden, obwohl sie uns doch schon beinahe bei den Ohren wieder herauskamen.

Der nächste Aschermittwoch rückte heran und wir glaubten schon zu triumphieren, als uns ein wohlbekannter Geruch beim Betreten des Hauses entgegenschlug: Bohnensuppe! Das durfte doch nicht wahr sein! Wir hatten doch alle Bohnen grün aufgegessen und jetzt dieses! Da meinte die Mutter lächelnd, es wären noch getrocknete Bohnen vom Vorjahr dagewesen, aber für den Karfreitag würden sie nicht mehr reichen, da gäbe es dann wenig Fischfilet und etwas Kartoffelsalat!

März

Zwischen gefrorener Erde
und Resten von Eis
Seidelbast leuchtet
und Schneeglöckchen
weiß.

Bunte Krokusse
zittern im Wind.
Am Wegrand
spielt versunken
ein Kind.

Morgen wird alles
viel schöner noch sein –
dann zieht erst richtig
der Frühling ein !

Die Gründonnerstagseier

Warum der Tag vor dem Karfreitag ausgerechnet die Farbe grün haben soll, ist nicht recht einleuchtend. Ein bekanntes Konversationslexikon führt aus, daß an diesem Tag die öffentlichen Sünder, bzw. Büßer wieder am Abendmahl teilnehmen durften und als Zeichen ihrer neuen Sündelosigkeit die Farbe Grün trugen. Ein anderes schreibt, daß die neuen Taufbewerber, also die "Grünen" (die vom grünen Holze) oder modern ausgedrückt die "Greenhorns" , den Antrag auf Aufnahme in die Kirche stellten. Am "Weißen Sonntag" bekamen sie dann zum Zeichen der Aufnahme das weiße Kleid. Wieder ein anderes nimmt die Sprachwissenschaft zuhilfe und erklärt etymologisch, daß grün von "greinen" käme, also von weinen (über die Sünden), und die mehr heidnisch orientierten Leute glauben, daß die Farbe nur auf den Frühling bezogen sei.

Diese wissenschaftlichen Überlegungen waren mir völlig fremd, als ich Lehrling auf einem großen Bauernhof war, hauswirtschaftlicher Lehrling zwar, aber auch für die Hühner zuständig. Als ich am Gründonnerstag die Eier einsammelte, waren es besonders viele - 60 Stück - und die Bäuerin sagte zu mir: "Am Gründonnerstag gehören die Eier der Dirn" (Magd), so sei es der Brauch. Da ließ ich mich gerne eine Magd heißen und ging mit dem Eierkorb zur Kramerin, wo ich die Eier gegen Bargeld eintauschte.

Zum anschließenden Mittagessen gab es Spinatsuppe - denn etwas Grünes mußte dabei sein - und da soll nochmal einer sagen, der Gründonnerstag hätte nur mit Greinen und nicht mit Frühling zu tun! Wahrscheinlich haben alle ein bißchen recht und wir freuen uns gemeinsam auf die Auferstehung des Gottessohnes und der Natur, genauso, wie die Eier Symbole des Frühlings und des hervorbrechenden Lebens sind und dadurch das "gesprengte" Grab verdeutlichen.

Osterbräuche

Früher fing das Osterfest schon am Karsamstagvormittag an, denn da war schon die Auferstehungsfeier. Begründet wurde diese Sitte damit, daß in aller Herrgottsfrühe des Ostersonntags die Leute nicht in die Kirche kämen oder auch nicht konnten - selbst wenn sie wollten - weil da Stallzeit ist. Noch dazu, wo die "Auferstehung" wenigstens zwei Stunden gedauert hat mit dem Entzünden des Osterfeuers, der Wasserweihe, den vielen Fürbitten und Lesungen. Einmal hat es besonders lange gedauert, als unser Kaplan mit seinem geistlichen Bruder, dem Pfarrer, "leviitert" hat. Die goldenen Brokatgewänder mit den weiten Ärmeln und Quasten daran haben uns Kinder dabei sehr beeindruckt.

Die Buben müssen an diesem Tag eine besondere Aufgabe erfüllen: Sie bringen das Osterfeuer in die einzelnen Häuser. Es werden dazu getrocknete Baumschwämme benutzt - die man natürlich rechtzeitig sammeln muß - steckt sie auf extra angefertigte, gebogene Eisendrähte oder Haken, hält diese in das Osterfeuer, bis die Schwämme Feuer gefangen haben und wirbelt sie im Kreis herum, damit sie schön glühen. Dann gehen die Buben mit diesen glühenden Schwämmen zu den schon wartenden Hausfrauen, um dort das Osterfeuer im Herd zu entzünden. Selbstverständlich gibt es ein Trinkgeld dafür, und je mehr Schwämme, desto größer ist die Einnahme.

Mein Bruder hat einmal einen besonders hohen Lohn für sein Osterfeuer bekommen - er hat aber auch einen schmerzhaft hohen Preis dafür bezahlt. Der Weg zu seiner Tante war ganz schön weit und die Schwämme an seinem Stab mußten viel geschwenkt werden, damit sie nicht "ausgingen". Das hat ihnen auf die Dauer aber nicht gut getan und sie wurden immer bröckeliger, bis sie ganz herunterbrachen. Da blieb meinem Bruder nichts anderes übrig, als die glühenden Schwämme von einer Hand in die andere zu werfen, so daß er sie richtig abliefern konnte. Als die Tante die Brandblasen in seinen Handflächen sah, hat sie ihn mit fünf Mark entlohnt, was ihn seine Schmerzen einigermaßen wieder vergessen ließ, denn das war viel Geld damals.

Der Ostersonntag war bei uns immer etwas problematisch; da wurde uns Kindern in der Kirche immer schlecht, weil es zu Hause so ein ungewohnt gutes Frühstück gab - nämlich ein Stück von der Ostertorte - und dazu einen Malzkaffee, der durch echte Bohnen verbessert war, womit unser Magen anscheinend nichts anzufangen wußte und es wieder zurück gab.

Unserem Vater war es meistens erst am Ostermontag schlecht, da bekam er immer einen Raucherkater. Die ganze Fastenzeit hatte er nichts geraucht und alle Zigarren, Stumpen und Zigaretten, die er als Postbote geschenkt bekommen hatte, fein säuberlich aufgespart. Am Ostersonntag nach dem Hochamt hat er sich dann nach sechswöchiger Enthaltung die erste "Ziegarrn" angesteckt, und am Ostermontag ist er meistens mit Schädelbrummen aufgewacht. Dann konnte er nicht mit uns "Emmausgehen", was vom bayerischen "ebenaus" abgeleitet wird; nur werden das die Emmausjünger aus der Bibel nicht gewußt haben.

Bei schönem Wetter frönten wir Kinder einem Eierspiel, das oft in Raufereien endete. Man mußte dazu einen Holzklotz besorgen, zwei Rechenstangl (ohne Rechen) anlehnen, daß es eine schiefe Ebene ergab und entsprechend viele Eier zum Hinunterrollenlassen sein eigen nennen - denn mit nur einem Ei kam man nicht weit, es hat die Prozedur oft nicht lange ausgehalten. Der Pfiff an der Sache ist gewesen, daß man dem Ei, wenn es unten angekommen war, einen Pfennig auflegen und der nächste Spieler das Ei treffen mußte, damit die Münze wieder herunterfiel, dann gehörte sie ihm. Das ging mitunter ganz schön ins Geld und die Eier zu Bruch. Ein Nachbarsbub wollte einmal von meiner Mutter Ersatz haben für sein Osterei, das der "Hoichermaler" angeblich kunstvoll bemalt und ich ihm kaputtgemacht haben sollte. Da wurde aber nichts daraus, denn diese Geschichte haben wir ihm einfach nicht geglaubt.

Warum das Spiel aber "Oarscheib'n" heißt, ist mir nicht ganz klar, denn ein gemütliches Scheiben oder Schieben war es nie - es flogen eher die Fetzen. Trotzdem haben wir uns anschließend wieder vertragen und es nicht so gemacht wie mein Ururgroßvater aus Südtirol, der sich wegen des verflixten Spiels mit seinen Geschwistern so zerstritten hatte, daß er seinen Rucksack packte, sein einziges Paar Schuhe in die Hand nahm, drei Tage weit weg wanderte, sich als Hüterbub verdingte und sein Lebtag nicht wieder heimkehrte - sonst wäre er wohl auch nicht mein Vorfahr geworden. Er muß anscheinend ein sauberer und schneidiger Bursch gewesen sein, denn schließlich hat ihn ja meine Ururgroßmutter geheiratet, die ihm in der Jachenau ein "Sachl" mit in die Ehe einbrachte. Erst der Urgroßvater hat die Verbindung zu den Südtiroler Verwandten wieder aufgenommen.

Das Lebkuchenherz

Mein erstes Lebkuchenherz habe ich bekommen, als ich zehn Jahre alt war. Es hat zwar nur zwei Zehnerl gekostet, aber in der Erinnerung ist es mir lieb und teuer, obwohl ich es in einer Verzweiflungstat aufessen mußte.

Der Alfred war ein netter Bub, und wir kannten uns vom Kühehüten her. Das war vielleicht eine langweilige Sache, immer herumzustehen und zu schauen, ob die Kühe noch da sind! Oft war es auch kalt oder naß, und wir suchten dann Unterschlupf in einem Heustadel. Obwohl der Alfred die Kühe vom Nachbarn hütete, kam er in solchen Fällen zu mir herüber, weil ich "Besitzerin" des Heustadels war. Wir wechselten uns dann mit dem Nachschauen ab.

Der Alfred war mir also ein wohl bekannter und vertrauter Kamerad, und seine Freunde hätten sich ruhig zurückhalten können und nicht hinter mir herreden müssen: "Die geht mit dem Alfred!"

Wir trafen uns zufällig auf dem Frühjahrsmarkt, und im Überschwang seines Herzens hat er zwei Zehnerl geopfert und mir ein kleines Lebkuchenherz gekauft! Ich wußte gar nicht, wie mir geschah - es war ja auch das erste Mal - und ohne Dank lief ich freudestrahlend zu meiner Mutter: "Schau mal, was mir der Alfred geschenkt hat!" Ich sehe noch ihren ungläubigen, ja entsetzten Gesichtsausdruck vor mir, als sie den strengen Auftrag gab: "Gleich bringst es ihm wieder zurück!"

Ganz geknickt und niedergeschlagen trottete ich wieder zum Frühjahrsmarkt zurück und stellte mir vor, was wohl der Alfred sagen würde, wenn ich ihm das Herz wieder zurückgäbe...... Das konnte ich nicht machen, und ich biß kurzentschlossen hinein! Auf die Frage, ob ich getan, wie man von mir verlangte, gab ich zur Antwort: "Ich hab den Alfred nicht mehr gesehen" (gefunden wäre gelogen gewesen, denn ich habe ihn ja gar nicht gesucht) und war froh, daß ich nicht weiter ausgefragt wurde.

Komisch war nur, daß ich ab dieser Zeit nicht mehr zum Kühehüten mußte. Mein Vater hat einen elektrischen Weidezaun angeschafft, und damit war das Thema Kühehüten und Alfred beendet.

Glaubenskämpfe

Das Fronleichnamsfest wird besonders in Bayern mit großem Gepränge gefeiert, deshalb auch "Prangertag" genannt. Doch auch die nördlicheren Länder und das Rheinland haben Fronleichnamsprozessionen, die sich sehen lassen können.

Sofern das Wetter mitmacht, zieht die ganze Festgemeinde mit Fahnen und Wimpeln hinaus in Gottes freie Natur, um eine prächtige Prozession zu Ehren Gottes abzuhalten. Die Böller krachen, die Blasmusik spielt Choräle, die Trachten leuchten in ihrer schönsten Farbenpracht, und die Häuser sind mit Girlanden und frommen Bildern geschmückt. An vier Stellen im Ort werden Altäre aufgebaut und Blumenteppiche gelegt, der Prozessionsweg mit kleingeschnittenem Gras bestreut, auf den die kleinen Mädchen zusätzlich während des "Umganges" noch Blütenblätter werfen.

Es ist so recht ein Tag des Herrn, denn dieser soll ja am Fronleichnamstag besonders geehrt werden, in Gestalt der konsekrierten Hostie, die in der schönsten Monstranz herumgetragen wird, die die jeweilige Pfarrgemeinde aufzuweisen hat. Oft trägt der Pfarrer schwer daran und die liturgischen Prunkgewänder - Rauchmantel und Velum - tun noch ein Übriges. Gott sei Dank wird über dem Pfarrer mit der Monstranz ein "Himmel" gespannt, so kann ihn wenigstens die Sonne nicht so stechen. Es ist eine große Ehre, wenn man zum Himmelträger ernannt wird, und je näher man in der Prozession am Himmel ist, desto größer ist der Segen.

Schon beim Herausziehen aus der Kirche - sowie der Pfarrer mit der Monstranz zu sehen ist - wird der erste Böller abgeschossen. Die Vereine stehen bereits Spalier mit ihren Fahnenabordnungen und reihen sich nacheinander in den Festzug ein. Sogar die Heiligenfiguren aus der Kirche werden mitgetragen, was wiederum eine ehrenvolle Aufgabe für die Jungfrauen ist. Die Jungfrauenfahne jedoch wird sinnvollerweise von den Burschen getragen, allein schon wegen der Länge und des Gewichts derselben.

Ein Empfang wie für einen weltlichen Fürsten, nur noch viel schöner, weil es ja für unseren Herrn und Gott ist. Geböllert wird dann noch jeweils nach dem Verlesen der einzelnen Evangelien, wobei früher die ganze Gemeinde in die Knie sank - heute vielleicht nicht mehr überall, - und gleichzeitig wird der Segen mit der Monstranz gegeben.

Es kann auch sein, daß eine Schützenkompanie da ist und von ihr zu Ehren Gottes eine Salve geschossen wird - was ganz in Ordnung ist und seinen Sinn hat. In vielen Orten wird der Himmel von den Schützen flankiert. Viele Leute wissen heute jedoch nicht mehr, warum das so ist.

Daß diese wehrhafte Begleitung ihre Berechtigung hat, lehrt uns die Geschichte. War die Fronleichnamsprozession sowieso als Glaubensdemonstration gegen die Ketzer des 11. und 12. Jahrhunderts gedacht, so wurde sie des öfteren auch handfest angegriffen. In Donauwörth fand 1606 eine regelrechte Fahnenschlacht statt, die den Protestanten Acht und Bann eintrug und mit ein Anlaß zum Dreißigjährigen Krieg wurde. In Amberg erhielt die Stadtkompanie aus dem Zeughaus Pulver und Lunten, um die Prozession "würdig" begleiten zu können.

Auch in der jüngeren Geschichte weiß ich von "Glaubenskriegen" auf einem Fluß, der gleichzeitig Länder- und Glaubensgrenze ist, nämlich der Weser, wo sich die heranwachsende Jugend am Fronleichnamstag von Booten aus regelrechte Gefechte lieferte, allerdings von Hand und mit Paddeln ausgetragen. Hatte doch die andere Seite die vormittägliche Prozession gestört, was nicht ungestraft bleiben durfte.

Ich selber kann mich an einen Fronleichnamstag erinnern,

wo wir Kinder schon Tage vorher eifrig beschäftigt waren, die nötigen Blumen und Blüten für die Blumenteppiche zusammenzutragen, wo uns Mädchen am Abend vorher die Haare mit Bier zu lauter kleinen Zöpfen geflochten wurden, wo wir am Fronleichnamstag um vier Uhr morgens aufstanden, um die Teppiche zu legen und uns anschließend die Hände geschrubbt und das Haar ausgekämmt wurde, daß es wie "Engelshaar" sich bauschte - und ich fluchtartig von der Prozession weglaufen mußte, weil in meinem Kopf ein fürchterlicher Schmerz tobte und ich mich mitsamt meinem schön gebügelten Kommunionkleid ins Bett warf, weil ich es anders nicht mehr aushalten konnte.

Der Kampf mit meiner ersten Migräne war aber der einzige Kampf, den ich an einem Fronleichnamstag erlebt habe.

Der Kirtatanz

Kirta heißt Kirchweih, und jeder denkt, dieses Fest wird im Oktober gefeiert. Das ist aber der große Kirta - wo es in einem Lied heißt: "A richtiger Kirta, daurt bis zum Irta" - womit der Dienstag danach gemeint ist. Wenn es ganz hoch herging, dann dauerte er vielleicht sogar bis zum Mikka, was sich leichter ins Hochdeutsche übersetzen läßt und Mittwoch heißt.

Mit dem kleineren ist das Patroziniumsfest gemeint, also das Fest des Kirchenpatrons. In Königsdorf ist das der Hl. Laurentius, und sein Fest am 10. August, was man ganz leicht dem Kalender entnehmen kann. Heute werden die Namensfeste sogar über Radio durchgesagt, aber die kleinen Kirta sind vielerorts verschwunden, wo am Tag selber die prächtigsten Prozessionen abgehalten wurden, die Kinder schulfrei hatten, die Arbeit ruhte, alles ins Hochamt ging und anschließend ins Wirtshaus. Und was noch viel schöner war: Schon am Nachmittag fing die Blasmusik an, zum Tanz aufzuspielen!

Daß es mich mit 18 Jahren in der Fremde ganz fürchterlich "gezwickt" hat, an diesem Tag heimzukommen, ist verständlich. Leider war ich weit weg - nämlich in Erding auf einem großen Bauernhof und lernte die Hauswirtschaft. Ich wußte nicht, wie ich es der Bäuerin auseinandersetzen konnte, daß ich zum Kirta unbedingt heim mußte, und druckste ziemlich herum. Schließlich begriff sie und meinte so nebenbei, ich könne da schon hinfahren, wenn ich vorher noch den Entenstall saubermachen würde.

Zu allem entschlossen, marschierte ich in Richtung Stall und dachte nur, daß ich das Rätsel mit der Hühnerleiter heute lösen würde. So etwas hatte ich nämlich noch nie gesehen, daß Enten über eine Leiter nach oben watscheln und durch ein offenstehendes Fenster in ihren Stall gelangen. Bisher ging mich das nichts an und hatte die Kuriosität deshalb auch nicht ergründet. Jetzt aber stand ich davor und mir wurde mit einem Schlag bewußt, daß der ganze Stall bis auf Fensterhöhe voll Mist war!

Mir war zumute wie weiland dem Herkules, als er vor seinem Augiasstall stand. Ich wußte leider keinen Bach in der Nähe, den ich hätte umleiten und den Stall damit ausspülen können. Aber ich hatte Freunde - und die mußten mir helfen! Vertrauensvoll wandte ich mich an den männlichen Lehrling, der eben mit dem Frontlader zum Hof hereinfuhr. "Dös werd'n ma glei ham!" sagte er, fuhr mit den Frontladerzähnen unter die Stalltür, hob sie aus den Angeln und bohrte seine Frontladerschaufel in den Mist. Schaufel für Schaufel leerte er den Entendreck auf den Anhänger, bis ich in den Stall hineingehen konnte zum Zusammenfegen. Das Ganze hatte etwa eine gute halbe Stunde gedauert, da waren wir fertig. Selbstverständlich hat der Lehrling es nicht ganz umsonst gemacht - ich mußte ihm dafür einen Anzug aufbügeln.

Siegesbewußt erschien ich wieder bei der Bäuerin, die es gar nicht fassen konnte, daß der Entenstall schon leer war. Es blieb ihr gar nichts anderes mehr übrig, als mich fahren zu lassen und höchstens noch den Kopf zu schütteln.

Wenn ich denke, wie langweilig heute die Kirtamusi ist, wo erst abends gegen neun Uhr die ersten Leute kommen und es um 10 Uhr vielleicht mal langsam losgeht - da würde ich mir auch keine so große Mühe mehr mit einem Entenstall machen, eine weite Reise unternehmen und anschließend noch einen Anzug aufbügeln, mit dem der Lehrling ohne mich zu einem anderen Fest gegangen war.

Schule ohne Bücher

In der allerschlechtesten Zeit - das waren die Jahre nach dem Krieg und vor der Währungsreform - wurde ich eingeschult. Durch die Flüchtlinge waren fast doppelt so viele Kinder da als vor dem Krieg, und unsere - im doppelten Sinn - Armen Schulschwestern mußten Schichtbetrieb fahren. Vormittags gingen die "Großen" und nachmittags die "Kleinen".

Ich selbst war nicht klein, eher "groß und stark" und durfte deshalb schon mit fünf Jahren zur Schule gehen. Das fehlende Alter erschien als geringes Problem - ein größeres war die Ausrüstung für die Schule.

Ein Ranzen wurde in der Nachbarschaft auf dem Dachboden gefunden - heute wäre er etwas wert mit dem geprägten Deckel - damals fand ich ihn scheußlich, und zurückgeben sollte ich ihn auch wieder. Aber er war aus Leder und hielt etwas aus, was bei den Pappmacheranzen der Nachkriegszeit leider nicht der Fall war, die lösten sich bei Regen auf. Manche Kinder hatten überhaupt nur eine selbstgenähte Tasche, und in diesen Behältnissen gingen leider oft die Schiefertafeln zu Bruch, was eine ziemliche Katastrophe war.

Eine Tafel bekam ich ebenfalls geliehen. Man mußte aber erst den Rahmen schrubben und mit einem eisernen Griffel neue Linien auf dem Schiefer ziehen. Anstelle eines Schwammes, den es nicht zu kaufen gab, wurde ein Lumpensäckchen mit einer Schnur an die Tafel gebunden, und die Lehrerin achtete darauf, daß es vor Unterrichtsbeginn richtig angefeuchtet wurde.

Zum Zählenlernen bekam jedes Kind von meinem "Großonkel-Opa", der auch Rechenmacher war, je zehn Rundlinge aus Holz geschenkt, die er sonst zu "Zähnen" für seine Holzrechen verarbeitete. In diesem Fall waren sie noch ungespitzt, damit man sich nicht verletzen konnte, wurden auf gleiche Länge gesägt und dann mit einem alten Schuhband zusammengebunden.

Die Lehrerin tat noch ein Übriges und sammelte unbeschriebenes Papier, heftete es mit ein paar Stichen zusammen, schrieb Buchstaben darauf oder auch Wörter - fertig war unsere "Fibel", wie sie das Heft nannte.

Nach etwa einem halben Jahr eifrigen Lernens und Kopfzerbrechens klopfte es an unsere Klassenzimmertüre, das "Herein" wurde gar nicht abgewartet, zwei Männer erschienen mit Armen voller Bücher, leuchtend rot und wunderschön - darauf stand "Mein erstes Buch", und jedes Kind bekam eines in die Hand gedrückt!

Mit diesem Ereignis zog für uns die Nachkriegszeit aus und eine neue, herrliche Zeit ein, obwohl es noch einige Jahre dauerte, bis das Wort "Wirtschaftswunder" die Runde machte. Vorerst wußten wir uns vor Staunen gar nicht zu fassen - so ein schönes Buch, mit bunten Bildern drinnen - und wir konnten sogar schon etwas daraus lesen.

Achterbahn einmal anders

Es war in der Nachkriegszeit, als das Münchener Oktoberfest mit der ersten großen Landwirtschaftsausstellung zusammen auf der "Wies'n" veranstaltet wurde.

Mein Vater interessierte sich für einen Bulldog und konnte, wenn er mich mitnahm, zwei Dinge miteinander verbinden: die Ausstellung besuchen und mich aufs Oktoberfest "führen", wie man bei uns sagt.

Zu diesem Zweck holte er sein Motorrad aus dem Schuppen und setzte mich als "Sozius" hinten drauf. Wir fuhren von Königsdorf aus direkt bis zur Oktoberfestwiese und fanden damals mit Leichtigkeit einen Parkplatz.

Als erstes kamen die Lustbarkeiten für mich dran, denn sonst hätte er bei den Traktoren bestimmt keine Ruhe vor mir gehabt. Da war eine Teppichbahn, die mich sofort in ihren Bann zog. Man mußte sich nur mit einem beherzten Schritt auf den umlaufenden Stoffstreifen stellen und sich hochziehen lassen. Aber es war nicht so einfach, wie es aussah, und umsonst hat die Isabel in Manfred Hausmanns Buch nicht jedes Jahr auf der Teppichbahn getestet, ob sie noch jung ist. Ich mußte nicht herausfinden, ob ich jung sei, denn ich war damals erst zwölf Jahre alt, aber den Test habe ich leider trotzdem nicht bestanden. Kaum hatte ich nämlich einen Fuß auf den verflixten Teppich gesetzt, machte ich auch schon eine Bauchlandung und wurde in dieser Stellung hochgezogen. Dann ging es eine Rutschbahn hinunter, wobei mein Rock unanständig hochflog - im fröhlichen Trubel sich aber niemand darum kümmerte.

Nach diesem Auftakt wollte ich Geisterbahn fahren. Auch das wurde mir genehmigt. Gott sei Dank begleitete mich mein Vater in die Höhle des Schreckens, wo mir ein Skelett mit glühenden Augen einen feuchten Lappen um die Ohren schlug. Die anderen Scheußlichkeiten habe ich gar nicht mehr wahrgenommen, weil ich mich hinter dem Rücken des Vaters versteckte. Was war ich froh, als diese Fahrt zu Ende ging. (Zum "Schichtl", sagte sich mein Vater, brauche er mich gar nicht erst hinführen, das würde ich nicht durchstehen.)

Nach der Geisterbahn hatte ich eine Stärkung nötig und bekam eine Fischsemmel mit sehr viel Zwiebeln. Das sollte mir wieder auf die Beine helfen. Ich faßte auch neuen Mut und wollte es mit der Achterbahn riskieren. Doch mein Vater sagte, wohl weil er die Eintrittspreise gesehen hatte: "Wir fahren auf dem Heimweg den Wolfratshauser Berg nunter - da hast Achterbahn genug!"

Als Ersatz bot er mir noch einen Besuch beim Teufelsrad an, das damals nur zwanzig Pfennig Eintritt kostete und auch heute noch - obwohl es etwas teurer ist - enorm die Lachmuskeln strapaziert. Die Boxer, die auf dem Teufelsrad aufeinander losgehen, werden durch die Fliehkraft ständig wieder auseinandergebracht, und tun sie es wider Erwarten nicht, so kommt von oben ein Ledersack, der ein bißchen nachhilft.

Da lagen die starken Männer nun bäuchlings auf der Scheibe wie ich vorher auf der Teppichbahn, was mich sehr freute.

Ich wäre gerne noch ein bißchen geblieben, aber mein Vater wollte nun endlich zu seiner Ausstellung. Weil ich ein wenig betrübt dreinschaute, kaufte er mir noch ein Blättchen, auf dem ich pfeifen lernen sollte und schoß mir ein paar Papierrosen, wobei das Vergnügen mehr auf seiner Seite war.

Nun gingen wir durch endlose Reihen landwirtschaftlicher Geräte und Maschinen. Schließlich lud er mich, weil ich müde wurde, an einem Stand ab, wo sich die Bäuerinnen Mixgeräte vorführen ließen. Für eine Mark bekam ich ein Glas Erdbeermilch, das ich möglichst langsam austrinken sollte. Aber die Zeit verging, und ich bestellte mir noch ein weiteres Glas. In meinen Eingeweiden begann alsbald ein seltsames Rumoren, und ich war wirklich froh, als mein Vater wieder auftauchte. Er hatte seinen Bulldog gefunden, sich an einem Stand ein Bier genehmigt, dort um die Hälfte billiger als im Zelt, und war heiter und guter Dinge. Die anschließende Heimfahrt verlief ganz normal, bis wir zum Wolfratshauser Berg kamen. Ich sollte mich fest "einheben" und mich in den Kurven ein bißchen zur Seite legen. Das kam mir zwar etwas riskant vor, weil mir da schon ziemlich übel war, wollte mich aber nicht unsportlich verhalten. Plötzlich sah mein Vater eine in allen Regenbogenfarben glitzernde Lache, bremste, was er konnte - aber im letzten Moment sind wir doch noch auf dieser Öllache ausgerutscht und landeten unsanft auf der Straße. Da rebellierte mein Magen endgültig und entledigte sich seines exotischen Inhalts. Nachdem wir festgestellt hatten, daß Menschen und Motorrad nichts Ernstes passiert war, beschlossen wir, von dem kleinen Unfall zu Hause nichts zu erzählen.

Aber jedesmal, wenn ich an dieser Stelle vorbeikomme, denke ich an mein erstes Oktoberfest und daß ich eigentlich noch eine Fahrt auf der Achterbahn gut habe.

Oktober

Oktobersonne
auf goldenem Laub.
Geflirr und Gefunkel.
Im Sonnenstrahl
glänzender Staub,
über dem See
Nebelgemunkel.

Marienfäden
tanzen Reigen.
Vor dem Wald
Beerengelichter
in den Zweigen.
Vogelschwärme
werden dichter.
Es gibt Abschied -
bald.

Durchsichtige Luft,
hellhörig, weit.
Festzelt
und wehende Fahnen.
In der Ferne
Schellengeläut.
Im Herzen
Winterahnen.

Leonharditag in Tölz

Der Hl. Leonhard gilt überall in bayerischen Landen als Vieh-
patron, und zu seinen Ehren werden um den 6. November
prächtige Pferdewallfahrten abgehalten.

Wohl die schönste davon findet alljährlich in Bad Tölz statt,
wo herrlich bemalte Truhenwagen - voll besetzt mit festlich
gewandeten Frauen und Jungfrauen - von ebenso herrlichen
Rössern die Marktstraße und dann auf den Kalvarienberg hin-
aufgezogen werden. Dort wird erst mal die Kapelle des Hl.
Leonhard umrundet, zu dem man ja eigentlich gewallfahrtet
war, und geht dann zum feierlichen Hochamt in das Gottes-
haus, das aus einer Ober- und einer Unterkirche besteht und
seinesgleichen sucht.

Daß der Hl. Leonhard in allen Fragen der Tiermedizin ange-
rufen werden kann, ist zwar bemerkenswert - fast noch
Größeres hat er aber in der Gefangenenbefreiung geleistet.
Kettensträflinge, die ihn um Hilfe angefleht hatten, fanden
sich plötzlich befreit und nicht mehr im Kerker, sondern vor
der Einsiedelei des Heiligen, wie es in mehreren Beispielen
der Heiligenlegende berichtet wird. Deshalb ist auch rings um
die Tölzer Leonhardikapelle eine Eisenkette gezogen, um auf
diesen Umstand hinzuweisen.

Um für die Prozession gerüstet zu sein, müssen umfangrei-
che Vorbereitungen getroffen werden: die Truhenwagen
müssen instand gesetzt oder bemalt, Achsen und Bremsen
überprüft, Geschirre geputzt, Girlanden gebunden - und am
Tag selber die Pferde gestriegelt, die Schwänze derselben
geflochten und mit Blumen und Bändern geschmückt werden.

Da heißt es früh aufstehen und sehen, daß man mit seiner
Stallarbeit fertig wird, daß man sich selber noch renovieren
und herausputzen kann und daß man auch noch pünktlich bei
seinem Gespann ist, das einen dann nach Bad Tölz bringt.

Früher war es so, daß die Gespanne nach dem jeweiligen Eintreffen aufgestellt wurden und keiner so gerne das Schlußlicht machen wollte. Wenn die Prozession um 9 Uhr anfing und eine Fahrtzeit mit dem eisenbereiften Tafelwagen von zwei Stunden eingerechnet werden mußte, fuhr man praktisch bei Dunkelheit los. Außerdem ist der November ohnehin von Hause aus dunkel.

Vor vielen Jahren (der alte Gistlbauer hat es mir erzählt - selber war er wohl damals noch jung und ausgelassen -) fuhr von Kreut aus auch einmal ein Wagen voller Weiberleut nach Tölz, um an der Prozession teilzunehmen. Da glaubten einige von ihnen, noch schnell ein "Geschäft" erledigen zu müssen, weil es in Tölz beim Aufstellplatz keine Möglichkeit mehr dafür gäbe.

Plötzlich hatten alle weiblichen Wesen dieses Bedürfnis und sprangen hurtig wieder vom Wagen herab. Weil sie es eilig hatten und es noch dunkel war, schürzten die Frauen einfach ihre Röcke, hoben sie sogar besonders hoch, weil es doch der seidene Trachtenrock war und plazierten sich der Reihe nach am Misthaufen entlang.

Alles wäre gut gegangen, wenn nicht jemand aus "Versehen" das Hoflicht angemacht hätte! Da gab es ein großes Geschrei und Röckefallenlassen. Der damalige Gistlbauer hat bis in seine alten Tage hinein über diese Sache auf den Stockzähnen gelacht.

Als ich zum ersten Mal nach Tölz mitfahren durfte - aber nur zum Schauen - gefielen mir besonders die Bürgermädchen und -frauen in ihren Brokatkleidern und den goldenen Riegelhauben auf dem Kopf. Um die Schultern trugen sie bunte, warme Tücher, während unsere Frauen sich ihren Fuchs enger herumschlangen, denn das Wetter war sehr kühl und wurde immer kühler.

Die Pferde hatten Schwerstarbeit zu leisten, und sie stemmten ihre Hufe auf das Pflaster, daß es klirrte und die Funken stoben.

Dann war man oben auf dem Kalvarienberg angelangt. Wer in der Kirche Platz fand, wohnte dem feierlichen Gottesdienst direkt bei. Für die Draußengebliebenen aber - das waren vor allen Dingen die "Insassen" der Truhenwagen - wurde die Predigt per Lautsprecher übertragen.

Aus dem kühlen Wetter wurde allmählich Nieselregen und nasses Schneetreiben. Die "klugen Jungfrauen" hatten vorgesorgt und nicht Lampenöl wie in der Bibel, sondern Obstler mitgebracht, denn die Burschen bei den Gespannen fingen auch langsam das Frieren an und warfen sehnsüchtige Blicke nach ihnen. Da und dort sah man sie dann bei den Mädchen stehen, um sich an dem "Lampenöl - Feuerwasser" zu erlaben. Meine Mutter und ich suchten Schutz im sogenannten "Vorzeichen". Bald schon drängten andere nach - bis plötzlich der ganze Raum voll war und immer noch mehr nachrücken wollten.

Da hörten wir drinnen in der Kirche das "Ite missa est" - die Kirche war aus, und die Leute wollten ins Freie.

Es gab ein furchtbares Gedränge. Die Menschen waren so ineinander verkeilt, daß es kein "Vor" und "Zurück" mehr gab und die ersten Leute um Hilfe riefen.

Das muß wiederum der Hl. Leonhard gehört haben - er wohnt ja gleich nebenan - denn er gab den nachdrängenden Leuten auf einmal die Einsicht, daß sie uns zunächst aus dem Vorzeichen herauslassen mußten. Es war wie eine Befreiung. Seitdem weiß ich, wie einem Gefangenen zumute ist, der wieder das Tageslicht erblickt. St. Leonhard hat geholfen - Gott sei Dank!

Die Alpenveilchen

Der November ist so der richtige Monat, um übers Sterben nachzudenken. Das Wetter tut ein Übriges mit Sturm, fallenden Blättern oder Nebelschwaden - die Tage werden kürzer und dunkler - Totenmonat.

In meiner Kindheit wurden die Verstorbenen noch zu Hause aufgebahrt, und man ging an zwei Abenden in das Trauerhaus zum Rosenkranzbeten. Am Beerdigungstag versammelte sich die Gemeinde am Haus des Gestorbenen, der Sarg wurde herausgetragen, über der Türschwelle dreimal gesenkt und dann zum wartenden Leichenwagen gebracht. Auf meine Frage, was dieses dreimalige Senken und Heben zu bedeuten habe, hat mir mein Vater erklärt, daß sich der Tote so von seiner Heimstätte verabschieden kann. "Er grüßt nochmal sein Haus", hat er wörtlich gesagt.

Bald schon wurden die Verstorbenen im Leichenhaus aufgebahrt, der Sarg blieb aber nach wie vor offen. Obwohl wir Kinder uns ein bißchen gruselten, schafften wir doch einen größeren Stein herbei, stiegen drauf und besichtigten den Toten durch das Fenster, ob er auch schön hergerichtet war.

In meinem Beruf als Krankenschwester habe ich dann mehr mit dem Leiden und auch Sterben zu tun gehabt. Verständlicherweise hatte ich auch hier etwas Angst, wenn es Ernst wurde, ganz besonders in der Nacht. Eine todkranke Patientin mußte das wohl gemerkt haben und machte mir Mut, mich nun nicht mehr vor Tod und Sterben zu fürchten.

Es war aber auch eine ganz besondere Frau, die mit ihrem lieben Lächeln die Herzen aller Schwestern gewann. Auf dem Nachttisch stand nur ein einziges Sträußchen Alpenveilchen in einem silbernen Becher, aber Besuch sahen wir nur selten. Als Tag für Tag verging und die Blüten immer gleich frisch waren, wollten wir wissen, ob das eine besondere Sorte sei. "Ja", sagte sie, "die sind von daheim. Ich wollte sie nicht alleine lassen, als ich ins Krankenhaus ging, und jetzt danken sie es mir!" Da wurde uns bewußt, wie einsam diese Frau gewesen war und daß sie ein persönliches Verhältnis zu ihren Blumen entwickelt hatte. Sie schaute immer wieder ihre Alpenveilchen an und lächelte nur.

Als ich auf einer anderen Station arbeitete und hörte, daß diese Dame im Sterben lag, besuchte ich sie während einer Nachtwache. Trotz der schlechten Beleuchtung sah ich, daß die Alpenveilchen noch da waren, daß sie aber braune Ränder hatten. "Ja", sagte die Todkranke, "jetzt sterben wir, aber ich freue mich, daß auch Sie sich verabschieden wollen." Da blieb mir nichts anderes übrig, als ihre Hand zu streicheln und mit ihr zu schweigen. Nach einer Weile sagte sie leise und wie ermunternd zu mir: "Es ist gar nicht schlimm!" Ich versprach ihr dann noch, sie nicht zu vergessen und kann mich auch heute noch an ihren Namen erinnern.

Die Alpenveilchen steckten wir ihr in die Hände, als sie in der Kapelle aufgebahrt war. Ich weiß jedoch nicht, ob jemand ihren Sarg senkte, als man sie wegtrug.

In Gedanken jedoch verneige ich mich noch oft vor dieser Frau.

Weihnachtsgeheimnisse

Am Heiligabendnachmittag wurden wir Kinder gewöhnlich ins Bett geschickt, um "vorzuschlafen", damit wir anschließend bis zur Mitternachtsmette durchhielten. Jetzt waren wir aber schon groß - mein Bruder und ich, sieben und neun Jahre alt - und wollten dieses Ritual nicht mehr einhalten. Ja, die kleine Schwester, die konnte man noch ins Bett legen - aber uns doch nicht!

Also holte unsere Mutter einen halben Hefezopf, schlug ihn in Weihnachtspapier ein und sagte zu uns: "Bringt den Zopf der Frau Rother, die hat sich bestimmt keinen gebacken, seit sie alleine ist, und grüßt sie recht schön von mir!"

Frau Rother war unsere ehemalige Flüchtlingsfrau, die wir sehr liebten. So machten wir uns auf den Weg, drei lange Kilometer hin und drei lange Kilometer her - der Nachmittag war für unsere Mutter gerettet. Sie hatte doch noch so viel zu tun, wobei wir ihr nur im Wege gewesen wären.

Wir gingen erst zum Dorf hinaus, dann eine Weile übers freie Feld, wo uns der Wind ziemlich durchblies und waren froh, als wir den Fußweg durch den Wald gefunden hatten, wo es erstens wärmer für uns war und zweitens kürzer.

Bei Frau Rother angekommen, wurden wir erst herzlich begrüßt. Sie nannte uns "ihre lieben Kinder", was uns bis in die Seele gut tat - zu Hause hörten wir das nicht so oft. Dann hieß sie uns erst mal die Schuhe ausziehen und die Füße aufwärmen. Anschließend gab`s heißen Tee und Marmeladenbrote, die wir in großen Mengen vertilgten, womit wir den materiellen Wert des mitgebrachten Hefezopfes bestimmt wettmachten. Dann benutzten wir ausgiebig ihr Spülklosett, was für uns der Inbegriff an Luxus und Bequemlichkeit war.

So gestärkt und gleichzeitig erleichtert traten wir den Nachhauseweg an und gingen raschen Schrittes durch den schon dunkelnden Wald (ein bißchen haben wir uns doch gefürchtet). Erst auf der freien Strecke kamen wir ins Reden und fragten uns gegenseitig, wie wohl das Christkind den schweren Baum ins Haus schafft und wie es möglich ist, daß so viele Kinder gleichzeitig beschert werden können?

Mittlerweile war es richtig dunkel geworden, und wir mußten laufen, um vor dem "Gebetläuten" zu Hause zu sein, denn dann war es nicht mehr geheuer im Freien, hatte man uns doch erzählt, daß der Mesner nach dem Läuten die Wölfe rausläßt!

Als wir unser Dorf erreicht hatten, sahen wir da und dort schon brennende Lichterbäume in den Stuben und hörten singende Kinder."Wir werden doch nicht das Christkind verpaßt haben", fuhr es uns durch den Sinn! Dabei fiel uns ein, daß die Engel an unserem Haus bestimmt vorbeifliegen würden, weil wir nicht da waren zum Beten! Wie sollten sie sonst auch wissen, daß da Kinder waren, die auf das Christkind warteten? Klopfenden Herzens liefen wir weiter und stellten erleichtert fest, daß auch unsere Stube erleuchtet war. Wir konnten erkennen, daß bereits ein Christbaum darin stand, weil die Vorhänge nicht richtig zugezogen waren. Und da sahen wir plötzlich unsere Mutter, wie sie den Baum schmückte und nicht nur das - sie trug auch Schachteln hin und her, die sie unter den Baum legte. So also war das! Zuerst waren wir ein bißchen enttäuscht, dann stürmten wir ins Haus (wollten wir sie auf frischer Tat ertappen?), als unsere kleine Schwester verschlafen die Treppe vom oberen Stock herunterkam und fragte: "War das Christkind schon da?"

Wie aus einem Munde sagten wir zu ihr: "Noch nicht, du mußt schnell nochmal nach oben gehen, sonst kann es nicht kommen", dabei setzten wir eine geheimnisvolle Miene auf.

So sicherten wir unserer Mutter freien Abzug und erhielten unserer kleinen Schwester ihren Weihnachtsglauben - und vielleicht auch uns? Wir wußten plötzlich: Was wäre Weihnachten ohne das Christkind, was wäre Weihnachten ohne Geheimnisse!

Wann ist Weihnachten ?

Weihnacht ist's wenn Herzen brennen,
Menschen ihre Nächsten kennen
Haß und Zweitracht Frieden machen
Kinderaugen fröhlich lachen
Jugendliche Zukunft künden
Kranke wieder Hoffnung finden
Fremde keine Angst mehr haben
Feinde wieder Worte sagen
Alte nicht mehr einsam sind,
dann ist gekommen Gottes Kind.

Der Johanniwein

Nach dem Weihnachtsfest, das mit aller Inbrunst und Heime-
ligkeit, mit aller Würde und Hoheit gefeiert worden ist, wird
am 2. Festtag gleich des ersten Blutzeugen unseres Herrn
gedacht. Es ist für Stefanus eine hohe Ehre, so dicht am Weihnachtsfest gefeiert zu werden.

Genauso verhält es sich mit dem Feiertag des Apostels
Johannes. Der 27. Dezember ist aber weder Geburts- noch
Todestag des Heiligen, und doch wird gleich nach Stefanus
seiner gedacht.

Er war der einzige Apostel, der nicht mit dem Martertod für
seinen Herrn Zeugnis ablegen mußte - gleichwohl man ihm
des öfteren nach dem Leben trachtete. Er hat alles unbeschadet überstanden und ein hohes Alter von 94 Jahren erreicht.

Eine der Hinterhältigkeiten, mit denen man den Apostel
Johannes vom Leben zum Tode befördern wollte, war ein
Becher vergifteter Wein. Johannes sprach den Segen und
schlug ein Kreuz über den Becher. Da sprang eine giftige Nat-
ter heraus, und der Wein hat ihm nicht mehr geschadet.

Um dieses Ereignisses zu gedenken, wird am "Johannitag"
Wein zur Weihe in die Kirche getragen. Bei uns war es immer
roter Johannisbeerwein, den unser Vater selber angesetzt
hatte und der wie alle seine alkoholischen Produkte sehr gut,
das heißt sehr stark ausfiel.

Der geweihte Wein stand unbeaufsichtigt in unserer Küche.
Nachdem alle Erwachsenen schon einen Schluck getrunken
hatten und dabei andächtig sagten: "Ah, ist der gut!", hat ihn
mein Bruder auch versucht und einen gehörigen Schluck
genommen. Zunächst schmeckte der Wein auch sehr fruchtig,
so daß er noch ein bißchen weitertrank, aber dann fing mein
Bruder das Husten an, verdrehte die Augen und hielt sich den
Leib. Das war für mich Abschreckung genug, es ihm nicht

gleichtun zu wollen. Es dauerte nicht lange, so mußte er sich aufs Kanapee legen, weil ihm so eigenartig zumute war. Plötzlich sprang er auf, rannte mit vorgehaltener Hand in den Kuhstall und kam ganz bleich und erschöpft wieder zurück.

Die Eltern berieten über den Zustand des Knaben und auf die Frage des Vaters: "Moanscht, es hot ihm was do?" sagte die Mutter zuversichtlich: "A, na - es war ja a Johanniwein!", ungedenk dessen, daß die Weihe doch nur gegen Gift, aber nicht gegen Alkoholteufelchen gut war.

Sylvesterabend

Die letzte Nacht im alten Jahr ist immer schon eine besondere Nacht gewesen. Zum einen gehört sie ja zu den Rauh- oder Rauchnächten und zum anderen wendet sich Schlag zwölf Uhr Mitternacht das Jahr, was heutzutage mit viel Getöse, Feuerwerk, und dadurch auch mit Rauch verbunden ist.

Neugierige können in dieser Nacht einen Blick in die Zukunft werfen und mit allerlei geheimnisvollen Zeremonien versuchen, den Schleier, der über das neue Jahr gebreitet ist, zu lüften.

So ist das Bleigießen sehr beliebt, wobei Blei oder auch Zinn geschmolzen und heiß in kaltes Wasser gegossen wird. Die dabei entstehenden bizarren Formen und Muster kann man dann in diesem oder jenem Sinne deuten.

Für junge Mädchen ist es immer interessant, den Namen ihres Hochzeiters zu erfahren, was besonders früher wichtig war, wo die Kommunikationsmöglichkeiten nicht so groß waren wie heute. Als ich das erste Mal bei solch geheimnisvollem Tun dabei war, gruselte ich mich ganz schön, denn die Mutter hatte es mehr oder weniger verboten. Aber unser Flüchtlingsmädchen aus Schlesien war damals gerade zwanzig Jahre alt und nicht zu bremsen.

Zum Herausfinden des gesuchten Namens hatten wir schon eine Menge Äpfel geschält, dabei sorgfältig aufgepaßt, daß die jeweilige Schale nicht abriß, sie dann nach rückwärts über die linke Schulter geworfen und versucht, aus dem Wirrwarr die erhofften Initialen zu entziffern. Dabei mußten wir den strengen Blick unserer Mutter aushalten, die so etwas mißbilligte. Sah sie schon ein Kartenspiel als "des Teufels Gebetbuch" an, so empfand sie Wahrsagen noch mehr als ein Greuel.

Mit dem Bleigießen warteten wir, bis die Mutter zu Bett gegangen war. Dann stocherten wir eifrig in der Herdglut, bis wir wieder ein schönes Feuerchen hatten, nahmen die Herdringe heraus und stellten unseren Topf auf das offene Feuer. Ein kaputter Bierkrugdeckel sollte uns das erhoffte Material liefern. Bis das Blei geschmolzen war, verschnauften wir ein bißchen und drehten gerade den Wasserhahn auf, der in der Nähe der Küchentür war, als wir im Fenster der Türe eine blutrote Fratze erscheinen sahen!

Nichts anderes annehmend, als daß es der "Leibhaftige" selbst sei, schütteten wir das Wasser vor Schreck in das offene Feuer. Der Topf mit dem flüssigen Blei kollerte auf den Fußboden, der Gott sei Dank um den Herd herum aus Fliesen bestand. Zitternd und rußgeschwärzt saßen wir vor dem Ort unserer Missetat. Da hörten wir schallendes Gelächter und erkannten so nach und nach die Stimme des "Leibhaftigen": es war Horst, der Sohn einer evakuierten Dame aus München, die zu diesem Zeitpunkt noch unsere gute Kammer bewohnte. Er wußte von unserem Treiben und wollte uns einen Denkzettel verpassen, was ihm ja auch gelungen ist.

Ich kann nämlich seitdem meine Neugier bezähmen und lasse mich immer wieder vom Neuen Jahr überraschen, was es an Gutem oder Schlechtem für mich bereithält und versuche nicht mehr, Schicksal zu spielen oder hellzusehen.

112